Hans-Jürgen Topf

DAS ROCKIGE WASCHBUCH

>>

groupies, stars & dirty socks

>>Hans-Jürgen Topf

DAS ROCKIGE
WASCHBUCH

>> groupies, stars & dirty socks

kunstanst!fter verlag

Bildnachweis: Alle Fotos aus Privatbesitz des Autors.
Außer: S. 28 Foto links, S. 74 beide Fotos: Copyright Uwe Sprafke.
S. 38 Foto unten links, S. 141 oben rechts: Copyright Traditionsfan.
Alle anderen Fotos wie Durchfahrtsscheine, Garderobenschilder, Arbeits- und
Backstagepässe, Tourrider, Autogrammkarten und sämtliche Erinnerungsstücke:
aus Privatbesitz des Autors.
Copyright © by kunstanstifter verlag Mannheim 2008
Kunstanstifter Verlag eKfr., Mannheim
Für die Waschtipps und -empfehlungen in diesem Buch wird keine Gewähr-
leistung oder Garantie übernommen. Eine Haftung des Autors oder des Verlages
für Schäden, insbesondere für Sach- und Vermögensschäden, ist ausgeschlossen.
Alle Rechte vorbehalten. Das Werk darf – auch teilweise – nur mit Genehmigung
des Verlages wiedergegeben werden.
Umschlaggestaltung und Layout: ThomThomdesign, Biggie Thoma, Freiburg
Lekorat: Eva Harker, Bamberg
Druck und Bindung: Druckhaus Becker, Ober-Ramstadt
Printed in Germany
Erste Auflage 2008
978-3-9811465-6-1
Unsere Adresse im Internet: www.kunstanstifter.de

Für Caroline

>>Vorwort

Wie kommt jemand dazu, ein Waschbuch zu schreiben und dazu noch ein
rockiges?
Wenn Sie sich diese Frage stellen, dann können Sie sicher sein, dass sogar
ich als Autor keine alles umfassende Antwort geben kann. Zu viele Faktoren
haben in den letzten Jahren dazu beigetragen, dass es dieses Buch gibt.
Die zufällige Begegnung mit der Tournee von Ted Nugent, die Empfehlung
von Steven Fortney, den Wäscheservice auch anderen Bands anzubieten,
und der Umstand, dass sich zu jener Zeit noch kein Mensch Gedanken
darüber machte, wie eine Rocktour ihre Wäsche gereinigt bekommt, gehören untrennbar zu den Anfängen der Rock-'n'- Roll-Laundry.
Niemand konnte ahnen, dass damals der Grundstein für eine der unge-
wöhnlichsten Geschäftsideen gelegt wurde und schon gar nicht, welche
Auswirkungen dies auf mein Leben haben würde.
Schritt für Schritt wuchs in den Folgejahren die Liste der Künstler und Mu-
sikproduktionen, für die ich arbeiten durfte: Meat Loaf, Scorpions, Udo
Jürgens, Elton John, Tina Turner, Eric Clapton, Deep Purple, Alice Cooper,
ZZ Top, Michael Jackson, Rolling Stones und viele weitere bekannte Künstler
und Bands.
Unvergesslich, da über Jahrzehnte gewachsen, ist für mich nicht nur der
Kontakt zu den Künstlern – noch viel mehr ist es das Gefühl, Mitglied einer
großen weltumspannenden Familie geworden zu sein: der Rock -'n'- Roll-Familie.
Zu ihr gehören alle Menschen, die durch ihren täglichen Einsatz dafür
Sorge tragen, dass die Musiker allabendlich auf der Bühne stehen können,
um ihrem Publikum eine perfekte Show zu bieten. Gleichgültig ob Roadie,
Trucker oder Küchenhilfe, alle tragen sie ihren Teil zum Gelingen einer Show
bei, ebenso wie ich, der Wäscher.
Über die Jahre entstanden wertvolle Freundschaften, eine beispiellose
Hilfsbereitschaft untereinander und das gute Gefühl, an etwas Besonderem
teilzuhaben – all das macht meinen Beruf so unvergleichlich.

Mit diesem Buch möchte ich Sie einladen, mit mir in diese Welt einzu-
tauchen und ganz nebenbei nützliche Informationen, Tipps und Tricks zum
Thema Waschen mitzunehmen.

Der Autor im September 2008

INHALT

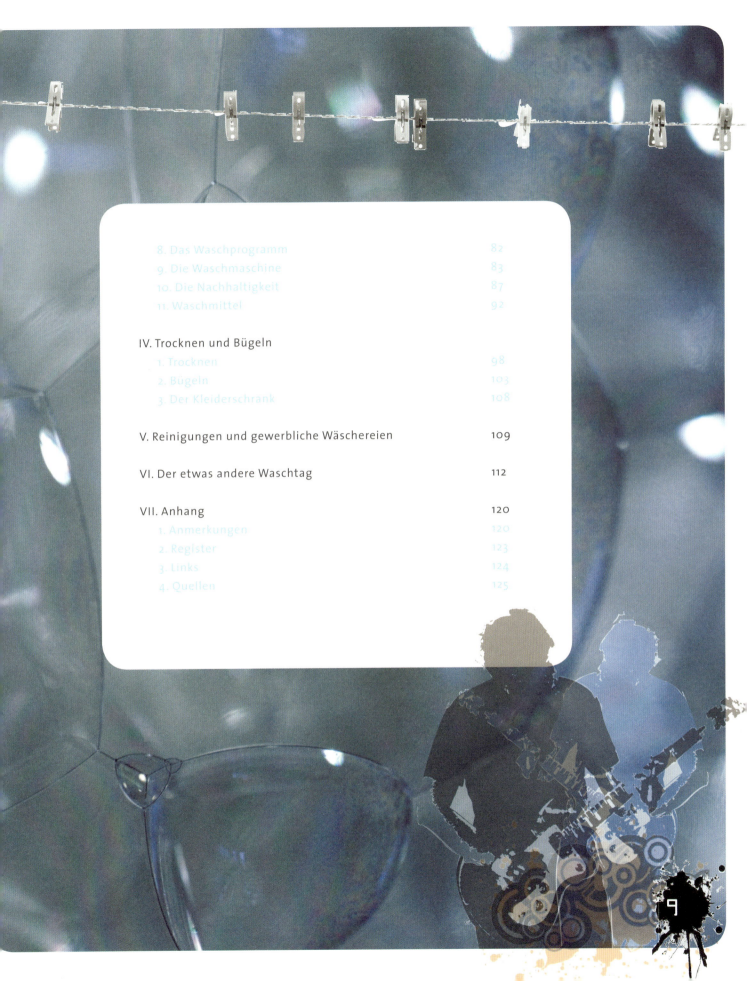

>>1.Wo bitte bleibt der Spaßfaktor?

Wäschewaschen ist nicht gerade etwas, wonach man sich sehnt, will sagen, der Spaßfaktor geht annähernd gegen null, wenn man sich mit seiner ungereinigten Wäsche auseinandersetzen muss!

Bei vielen Menschen löst Wäschewaschen daher keine Begeisterungsstürme aus. Nicht selten türmen sich die Wäscheberge (und dementsprechend wenig ist im Kleiderschrank zu finden), bevor sich der/die Einzelne, mehr oder weniger widerwillig, dazu entschließt, einen Waschtag einzuschieben. Liegt es daran, dass das Sortieren der Wäsche oder die Wahl des Waschgangs Aktionen sind, die als langweilig empfunden werden und damit als reine Zeitverschwendung gelten? Oder wissen die meisten einfach zu wenig über das Wäschewaschen und betrachten es deshalb als stumpfsinnige Hausarbeit, ja, als notwendiges Übel?

}

WIE EINE ROTE AMPEL MEIN LEBEN VERÄNDERTE

>> Auch ich dachte so, bis ich Anfang der Achtzigerjahre an einer roten Ampel, neben dem Tourbus von Ted Nugent [1] stand und mein Leben sich um 180 Grad drehte. Vorher jobbte ich als Putzmann und Wäschefahrer in der Wäscherei meiner Eltern und begann mich langsam zu fragen, ob das wirklich meine berufliche Zukunft sein sollte?

Dann folgte zwar nicht der Summer of 69 wie Brian Adams [2] so schön singt, sondern der Sommer 82 mit der wohl wichtigsten Begegnung meines Lebens: Die Tournee von Ted Nugent kam nach Ludwigshafen und wie ein Blitz in mein Leben. Dass mich dieser Blitz gerade an einer roten Ampel traf, ist wohl eher nebensächlich, aber die Tatsache, dass er mich traf, war lebensbestimmend und es bewahrheitete sich mal wieder die alte Lebensweisheit: Tue Gutes und dir wird Gutes widerfahren. Das Gute war das Lotsen des Tourbusses von besagter Ampel in die Friedrich-Ebert-Halle, die der Busfahrer alleine nie gefunden hätte, und so war er froh und dankbar, dass ich ihm half, pünktlich am Veranstaltungsort der nächsten Show anzukommen.

Dafür bekam ich vom Busfahrer zwei Freikarten für den Abend, die sich jedoch beim genaueren Hinsehen als simple Aufkleber entpuppten, für den Eintritt in die Konzerthalle waren sie demnach gänzlich ungeeignet.

Nach einer kleinen „Rabatzeinlage", die alle Aufbautechniker und Roadies in der Halle wohl eher für eine Art Zwergenaufstand hielten, kam der Tourmanager von Ted Nugent auf mich zu: „Steven Fortney", stellte er sich vor und nahm mich mit ins Produktionsbüro. Das mit den Aufklebern fände er ziemlich uncool vom Fahrer, mit dem er darüber unbedingt noch mal sprechen wollte. Aber, er würde sich freuen, mich und meine damalige Freundin und heutige Frau Caroline als Backstage-Gäste begrüßen zu dürfen, mit allem Drum und Dran: wow, Backstage-Eingang, Backstage-Cola, Backstage-Garderobe, Backstage, Backstage, Backstage! Das sollte das Zauberwort für die nächsten Jahrzehnte werden: **Backstage.**
Dafür gab es dann die ersten zwei laminierten Pässe, von denen einer als wichtigstes Erinnerungsstück meiner beruflichen Karriere heute in Gold gerahmt in meinem Haus hängt. Es fiel mir sehr leicht, mich mit einem kostenlosen Waschangebot bei Steven zu revanchieren. Nach seiner anfänglichen Skepsis, ob sein mit

Klamotten prall gefüllter Koffer jemals wieder zu ihm zurückkehren würde, vertraute er dem „crazy young german" seine Wäsche an. Als ich ihm drei Stunden später alles perfekt gereinigt zurückbrachte, hatte er saubere Wäsche und ich einen neuen Freund und die kleinste Waschnische der Welt gefunden.

DAS WAR DIE GEBURTSSTUNDE DER ROCK-`N`-ROLL-LAUNDRY.

>> Ich bekam den lange vermissten „Drive". Ja, es powerte mich richtig vorwärts: Namensschutz beantragen für „The Rock-'n'-Roll-Laundry", Ideen entwickeln, wie man an die Schmutzwäsche von Bands und Künstlern rankommt, das Geschäft erweitern auf andere Städte und Konzerthallen, eine mobile, fahrbare Wäscherei im Truck ... Alles raste durch meinen Kopf und setzte mich regelrecht unter Strom. Dass am nächsten Tag Meat Loaf [3] ein Konzert in der Ebert-Halle gab, war einfach grandios. Ich tauchte, dieses Mal natürlich ohne rote Ampel und einen Bus zu lotsen, gleich morgens früh am Hintereingang, dem Backstage-Eingang, auf und fragte jeden, ob ich ihm die Wäsche waschen könnte. Als Gegenleistung dafür verlangte ich ein, besser zwei Backstage-Pässe. Heute bin ich mir sicher, dass die Angesprochenen mich für komplett bescheuert hielten, aber damals waren mir solche Gedanken völlig fremd.

Die Wäsche, die ich tatsächlich bekam, bearbeitete ich genauso schnell und zuverlässig wie am Vortag und die Show am Abend war genauso faszinierend, wie die von Ted Nugent. Lediglich der Gitarrist von Meat Loaf ging mir mit seinem Herumgebalze um Caroline gehörig auf den Senkel – sie war immerhin mein Mädel und nicht sein Groupie. Das hat sie ihm dann aber auf ihre bekannt herzliche, in diesem Fall auch raue Art begreiflich gemacht.

Meinem neuen Wäschereigeschäft hat es keinen Abbruch getan. Eigentlich war es auch noch kein Geschäft, sondern eher eine Möglichkeit, durch das Waschen von Wäsche kostenlos Konzerte zu besuchen und backstage zu sein.

Aber das sollte sich mit der Rock-'n'- Roll-Laundry schnell ändern! Ich wurde zum Wäscher der Rock- und Popstars und von Anfang an vom Leben hinter der Bühne fasziniert und gleichzeitig vom Rock-'n'- Roll-Virus infiziert.

Dieser Kick ist bei Ihnen zu Hause nicht vorhanden – das ist mir schon klar! Selbst Sharon, die Ehefrau von Ozzy Osborne, kann sich sicherlich lustigeres vorstellen, als seine Wäsche zu waschen! Weder waschen Sie die Schmutzwäsche von Rockstars, noch stehen Sie während des Auftritts hinter der Bühne und versorgen die Künstler mit frischen Handtüchern und mit neuen Bühnenoutfits für ihre Show.

Das Wissen aus 26 Jahren waschen für das Musikbusiness und die Erfahrungen eines Profiwäschers– das ist es, was ich Ihnen mit diesem Buch vermitteln möchte. Die Botschaft ist ganz klar: Waschen rockt! Wäsche sauber zu bekommen ist ziemlich einfach, man muss nur ein paar simple Regeln und Grundkenntnisse beachten bzw. anwenden. Mit diesen „Backstage"-Informationen werden Sie demnächst Wäschewaschen mit ganz anderen Augen betrachten und sich vielleicht sogar freuen, wenn es heißt „Heute ist Waschtag", da Sie völlig entspannt auf das Schlussschleudern Ihrer Waschmaschine warten können (d.h. ohne die Befürchtung, dass wieder irgend ein Teil verfärbt oder zu klein aus der Trommel gezogen wird)! Gestern war „We will rock you" – heute ist >>

„WE WILL WASH YOU"!

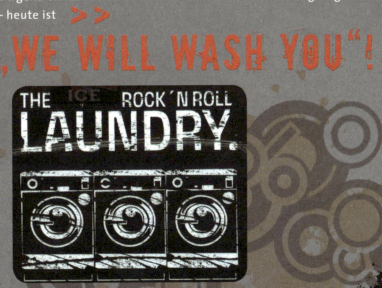

>>2. Der Sinner'sche Kreis

Lassen Sie mich zunächst den technischen Vorgang des Waschens detaillierter darstellen.

Dazu schauen wir uns den Sinner`schen Kreis (hat nichts mit der Heavy-Metal-Band Sinner [4] zu tun!) genauer an: Vier Waschfaktoren beeinflussen den Waschprozess – Mechanik, Chemie, Temperatur und Zeit.

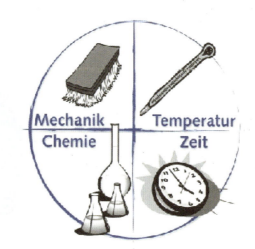

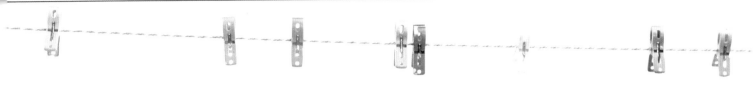

>> Mechanische Kräfte wirken beim Waschen auf die Textilien.

>> Chemie ist das eingesetzte Waschmittel und Wasser dient als Transportmedium für die Chemikalien, die Wärmeenergie und die abgelösten Schmutzbestandteile.

>> Zeit wird benötigt, um die Chemie zum Wirken zu bringen.

>> Temperatur beschleunigt das Schmutzablöseverfahren.

Alle vier Faktoren sind untrennbar miteinander verbunden, d.h. bei Änderung eines Faktors müssen die anderen angepasst werden. Bei höherer Temperatur kann dann beispielsweise in kürzerer Zeit oder mit weniger Waschmittel das gleiche Waschergebnis erzielt werden. Auch die Wasserhärte spielt eine Rolle. Wenn ein Faktor fehlt, kann kein Waschergebnis, zumindest kein zufrieden stellendes, erzielt werden.

Ein gutes Beispiel dafür sind australischen Toplader. Erfahrungen mit australischen Topladern machten Thomas und Christian (Ihre Tipps können Sie auf Seite 69 nachlesen.) auf einer Australien-Tour. Das war so gar nicht ihr Ding: die Wäsche dreht sich bei diesen Geräten nur im Kreis, d.h. sie fällt zu keinem Zeitpunkt. Daher wirken nur geringe mechanische Kräfte in der Trommel und das Waschergebnis leidet dementsprechend. Auch durch das Fehlen von Waschmitteleinspülkästen muss das Waschpulver in der Maschine direkt zwischen die Wäsche geschüttet werden, was bei manchen Teilen zu Farbverlusten führt. Die australische Art, nur mit kaltem Wasser zu waschen, denn die Waschmaschinen haben keine Heizung, ist nicht optimal für das Waschergebnis. Zwar riecht die Wäsche nicht mehr, aber völlig sauber wird sie auch nicht, wie die beiden Garderobeneinrichter feststellten.

Ist ja fast wie bei einer Band: Nur wenn alle Bandmitglieder harmonieren, wird das Ergebnis optimal sein. Zu viel Bass, eine zu schrille Gitarre oder ein Drummer, der spielt, als hätte er beide Arme gebrochen, können den schönsten Song demolieren und die Nerven der Zuhörer überstrapazieren. Beim geliebten T-Shirt wäre jetzt die Farbe raus, der Bund ausgeleiert und die Größe von L auf S geschrumpft: Mit dem richtigen Know-how lässt sich nicht nur gut waschen, sondern auch gut rocken!

>>3.Schmutz-die Materie am falschen Ort<<

Das optimale Waschergebnis ist die vollständige Schmutzablösung aus den Textilien. Schmutz ist ein kompliziertes Gemisch aus organischen und anorganischen Bestandteilen und kann grob in drei Arten der Löslichkeit eingeteilt werden:

- wasserlöslicher Schmutz wie Bestandteile des Schweißes (Kochsalz, Harnstoff), Salze, Zucker – entfernbar durch Waschen.
- wasserunlöslicher Schmutz wie Öle, Fette, Schmierstoffe, Wachse, Bitumen – entfernbar durch chemische Reinigung in Lösemitteln.
- weder in Wasser noch in Lösemitteln löslicher Schmutz wie Gesteins-staub, Erde, Metallabrieb, Ruß oder Gummi.

Aber glauben Sie mir, jede dieser drei Arten kann beim Entfernen ihre Tücken entwickeln und muss daher unterschiedlich behandelt werden.

In Kapitel 3 gehe ich im Einzelnen auf Flecken und Schmutz ein. Dies soll hier fürs Erste zum Verständnis der Vorgänge genügen.

>>4.Waschen ist ganz einfach:
Klappe auf, Wäsche rein, Waschpulver
drauf, Programm einstellen, Start!
Schon ist etwa zwei Stunden später
alles sauber, oder etwa nicht?

Das tritt aber nur bei denjenigen ein, die wissen, wie man Wäsche sortiert, die die Pflegekennzeichen kennen, die verschiedenen Waschpülverchen richtig einsetzen und die nicht zuletzt wissen, bei wie viel Grad dieses oder jenes Kleidungsstück gewaschen werden darf, und die einschätzen können, wann lieber von Hand gewaschen werden sollte. Gehören Sie zu dieser Gruppe oder klingt das eher nach Ihrer Mutter/ Ihrem Vater, Omi/Opi oder der/dem Ex?

a. Sortieren der Wäsche
Bereits hier kann man so viel falsch machen (und macht es auch), dass sich nach diversen Katastrophen die Menge der tragbaren Kleidung glatt halbieren kann. Verfärben, Schrumpfen und Verfilzen sind nur einige der lustigsten Wäschekiller.
Das wichtige Thema des Vorsortierens nehme ich in Kapitel 2 (ab S. 38) deshalb für Sie genauer unter die Lupe.

b. Waschempfehlungen
So simple Katastrophenverhinderer wie „Weißes immer mit Weißem und Farbiges möglichst mit Gleichfarbigem waschen" stelle ich Ihnen ebenso vor wie die verschiedenen Pflegekennzeichen. Diese sind wie Verkehrsschilder im Straßenverkehr – sie müssen beachtet werden.

c. Die Waschmaschine

„Programm einstellen" klingt simpel, kann aber kompliziert werden, wenn man nicht weiß, welches Programm das richtige ist und was die eigene Waschmaschine eigentlich alles kann. Sie merken, wir nähern uns dem Thema Waschmaschine mit großen Schritten. Auch hier ist die Auswahl riesig und wir haben in der Regel keine Ahnung, nach welchen Kriterien wir die richtige Kaufentscheidung treffen können: Energieeffizienz, Trommelinhalt, tausend Programme, Front- oder Toplader, Stand- oder Einbaugerät und natürlich der adäquate Preis sind die Fragen, die ich in Kapitel 3, S. 83 beantworten werde.

d. Waschprogramme

Beim Menüpunkt „Programm einstellen" sind wir abhängig von den Angeboten der Waschmaschinenhersteller, aber auch hier gibt es mannigfaltige Möglichkeiten, sein Geld zum Fenster hinauszuwerfen oder es sinnvoll einzusetzen. Näheres dazu in Kapitel 3, S. 82.

e. Waschmittel

Ebenso wichtig, und daher in einem eigenen Kapitel gewürdigt, ist die Rolle der Waschmittel. Diese gibt es mittlerweile in solch verschiedenen und vielfältigen Zusammensetzungen, dass einem schwindlig werden kann, wenn man im Supermarkt vor den schier endlosen Regalen mit den Waschmitteln und -pulvern steht. Nichtsdestoweniger gibt es auch hier Hilfen, die es dem Laien erlauben, ohne größeren Aufwand das für den persönlichen Einsatz geeignete Produkt zu finden. Spezielle Verschmutzungen und Anforderungen an das Produkt, persönliche Vorlieben, Allergien und ökologische Gründe sind nur einige der an dieser Stelle zu beachtenden Punkte.

Bereits im Vorfeld können Sie sich das Waschen durch gezielten Einkauf Ihrer Kleidung erleichtern. Ein Blick auf das Etikett und die Pflegekennzeichen verraten u. a. sofort, ob Ihr neues Kleidungsstück in die Waschmaschine gehört, ob es per Hand gewaschen oder in die Reinigung gebracht werden muss. Letzteres ist besonders ärgerlich, wenn es sich um Stücke handelt, die sie häufiger tragen möchten. Mehr zu Pflegekennzeichen in Kapitel 3, ab S.44.

>>1.Kleine Faserkunde

Die Kennzeichnung der Textilien mit den verarbeiteten Faserarten ist gesetzlich vorgeschrieben, Sie müssen also nicht raten, um welches Material es sich bei Ihrem Kleidungsstück handeln könnte. Ein Blick auf das Etikett genügt.

Man unterscheidet Textilien nach künstlichen und natürlichen Fasern. Zu den Kunstfasern gehören u. a. Viskose, Nylon, Mikrofaser, Polyamid (Badekleidung), Elastan, Lycra u.s.w. Naturfasern sind tierischer oder pflanzlicher Herkunft, dazu gehören Schafwolle, Angora, Kaschmir, Wolle, Seide, Baumwolle u. a.

Einen Überblick über die Wascheigenschaften der gängigsten Natur- und Kunstfasern bietet nachfolgende Tabelle.

>>2.Wasch-und Bügeleigenschaften von Fasern

Bezeichnung	Reinigungsverfahren	Bügeltemperatur in Grad Celsius	Anwendung
Baumwolle	waschen bis 95 Grad chloren möglich trocknen möglich reinigen möglich	180-220	Arbeitskleidung, Unterwäsche, oft benutzte Haushaltswäsche
Flachs/Leinen	Bunt: waschen bis 60 Grad bei ungebleichtem Leinen, bleichen nur bei weißem Leinen, bei 95 Grad reinigen möglich	180-220 gut befeuchten	Geschirrtücher, Sommer-/ Tropenkleidung
Jute	waschen möglich	nicht bügeln	Teppichgrundgewebe, Säcke
Ramie	waschen möglich reinigen möglich	180-220	Tennisschuhe, Pullover, Feuerwehrsprungtücher
Wolle	maximal 30-40 Grad wegen Verfilzung nur im Schonwaschgang nicht chloren/reinigen möglich	160 mit feuchtem Tuch dämpfen, kurz bügeln, verliert Elastizität	Mäntel, Pullover
Kaschmir	reinigen möglich	nur dämpfen	Kleider, Tücher, Schals, Mäntel
Maulbeerseide	reinigen möglich, maximal 30 Grad waschen mit Handwäsche nicht chloren nicht trocknen im Trockner	150-180	Skiunterwäsche, Futter in Handschuhen

Bezeichnung	Reinigungsverfahren	Bügeltemperatur in Grad Celsius	Anwendung
Tussahseide	maximal 30 Grad waschen mit Handwäsche nicht chloren nicht trocknen im Trockner	150-180	Skiunterwäsche, Futter in Handschuhen
Acetat	Schonwaschgang 30-40 Grad reinigen möglich nicht chloren Feinwaschmittel	120-140	Sommer-/ Reisekleider, Bänder, Schirmstoffe, Futterstoffe, Partykleider
Viskose	Schonwaschgang 30-60 Grad reinigen möglich nicht chloren nicht trocknen im Trockner	150-180	Kleider- und Blusenstoffe
Polyamid	Weißwäsche bis 60 Grad Feinwäsche bei 30 Grad reinigen möglich nicht chloren trocknen bei reduzierter Temperatur	120-140	Socken, Strümpfe

>>Vor dem Tragen

Ich empfehle, besonders die Sachen, die auf der Haut getragen werden, nach dem Kauf vorzuwaschen.

Da die meisten Textilien, die wir in Deutschland kaufen – Globalisierung sei Dank –, gar nicht mehr hier hergestellt, sondern in der ganzen Welt produziert und Tausende von Kilometern mit Containerschiffen transportiert werden, müssen die Rohstoffe und Textilien auf den langen Wegen vor Schäden geschützt werden. Außerdem bekämpft man bereits auf den Baumwollfeldern Schädlinge mit allerhand für den Menschen oft unverträglichen Herbiziden und Pestiziden. Diese Rückstände sowie zusätzliche Schimmel und Wasser abweisende Chemikalien sind für immer mehr Menschen ein Problem. Allergiker können auf diese Stoffe unter Umständen sehr empfindlich reagieren, aber auch Gesunde klagen über seltsam riechende Frottierhandtücher oder Unbehagen beim Tragen von neuen T-Shirts. Um ein Vorwaschen der Textilien bei maximal 40 Grad kommt man daher nicht herum. Ein Woll- oder Biowaschmittel ist hier die beste Wahl. Wenn man dann noch unterdosiert, d. h. etwas weniger Waschmittel verwendet, dann tut man sich, seiner Haut und der Umwelt einen großen Gefallen.

Noch ein paar Worte zur Schmutzwäschelagerung:
Wer beim Lagern der schmutzigen Wäsche die rudimentärsten Regeln beachtet, kann eine Menge Geld sparen, sich das Waschen erleichtern und der Umwelt, ohne großen Aufwand, wieder einen Dienst erweisen. Wäsche immer so luftig wie möglich lagern – auf keinen Fall im Plastiksack oder einem geschlossenen Plastikbehälter, da eine gute Durchlüftung sehr wichtig ist. Wäsche niemals feucht oder gar nass (zum Beispiel Sportklamotten!) in den Schmutzwäschebehälter geben. Schimmelgefahr mit massiven Schäden an der Wäsche droht! Zudem können die Farben von feuchten Textilien verlaufen.
Verschwitzte Trainingsklamotten nie über Nacht in der Sporttasche lassen. Gut lüften und im 30-Grad-Kurzprogramm mit Fein- oder Biowaschmittel durchspülen reicht völlig!

>>DIE LEBENDEN HANDTÜCHER

>> Die extreme Variante von Feuchtwäschelagerung ist der Transport benutzter Hand- und Badetücher bei Tourneen. Da ich meine Dienstleistung des Waschens von Wäsche sehr oft mit dem Vermieten von Frottiertüchern verbinde – selbige werden nämlich bei Konzerten und Festivals zu Hunderten und Tausenden benötigt –, komme ich oft in die unangenehme Situation, diese in benutztem Zustand einsammeln und lagern zu müssen. Ist eigentlich kein Problem. Wenn aber bei einem Drei-Tage-Festival am ersten Tag drei- bis vierhundert gebrauchte und feuchte Badetücher zusammenkommen, die zwangsläufig bis zum letzten Showtag zu deponieren sind, dann heißt das: Ab in den blauen Sack, fest zubinden und möglichst dunkel und kühl lagern! 33 Grad im Schatten, kein Baum, kein Strauch und auch kein kühler Keller weit und breit – das bedeutet optimales Festivalwetter für Besucher, der Wäscher aber leidet.

Wenn du dann am vierten Tag endlich mit deinem Berg prall gefüllter Plastiksäcke, die im Übrigen schön Zeit hatten, ausgiebigst vor sich hinzugären, in der Wäscherei ankommst, kannst du dir das Entladen von 1500 gebrauchten Badetüchern glatt ersparen: Du öffnest einfach alle Türen deiner Waschmaschinen, pfeifst laut durch die Finger, und die Handtücher marschieren in Reih' und Glied von alleine in die Trommeln.

Durch ein Zwei-Bad-Waschverfahren bei 90 Grad und eine anschließende Wäschedesinfektion lassen sich aber dann, Gott sei Dank, alle existierenden Keime abtöten und die Tücher sind danach absolut sauber und wieder wie neu.

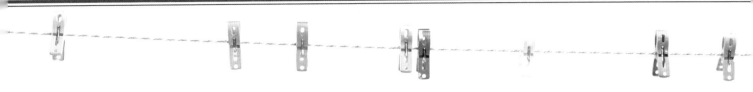

Schimmel kann leider nur mit Chlorbleiche entfernt werden, und das ist eine wahre Belastung für die Umwelt. Diese Waschattacke vertragen zudem meist nur weiße Baumwolltextilien.

Die Badewanne ist nicht der geeignete Platz, um Schmutzwäsche zu sammeln, da sie aufgrund ihrer Größe zum Wäschegrab wird. Berge von säuberungsbedürftiger Kleidung lassen sich hier lagern, und irgendwann verliert man den Überblick und die Lust, die Klamottenmasse wegzuwaschen. Da macht dann weder Baden noch Waschen so richtig Spaß.

Stark Verschmutztes, Fettiges oder Öliges immer getrennt von der „normalen" Wäsche halten. Ganz leicht überträgt sich der Schmutz auf weniger Verschmutztes und sorgt so für unnötigen Mehraufwand (mehr Waschmittel, höhere Waschtemperatur, höhere Kosten) beim Waschen.

Sakkos und Hosen, die nur leichte Tragespuren wie Geruch oder kleine Knitterfalten aufweisen, ordentlich auf geeignete Bügel hängen. Im Winter über der Heizung platziert, hilft die durchströmende Warmluft, Geruch zu entfernen. Ganz Clevere bügeln die Garderobe am Folgetag kurz mit Wodka auf.

>>WODKA FÜR DIE KLAMOTTEN

>> Die Joe-Cocker [5]-Tour 2007 kam, wie schon viele andere vorher, in den Genuss meiner Wäschebetreuung. Große Freude am ersten Arbeitstag, wenn man viele alte Freunde trifft und bekannte Gesichter sieht. Auch Mel war wieder dabei, eine alte Freundin von Caroline und mir, die schon unzählige Künstler als Garderobiere betreut hat – she`s a real professional! Von Mel habe ich viel lernen können und bin ihr dafür auf ewig dankbar.

Ein wenig Sorgen machte ich mir aber, als ich bei der Übergabe frisch gewaschener Showgarderobe eine halb volle Flasche Wodka in einem Garderobencase fand. Oh Gott, sie ist doch nicht etwa …? Mel muss mir meine Bekümmertheit am Gesichtsausdruck abgelesen haben, denn sie erklärte sofort: „Dient nur der Geruchsbeseitigung!" Aha, so heißt das heutzutage, dachte ich mir. Meine Bedenken erwiesen sich glücklicherweise als unbegründet.

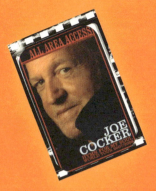

Sie verriet mir nämlich ihren alten Trick, wie man leicht müffelnde Kleidung mit einem Schuss Wodka – mittels einer Sprühflasche als feinen Nebel auftragen und dann mit dem Dampfbügeleisen abdämpfen – wieder auffrischt. Ich habe es selbst probiert und es funktioniert. Klar, dass es einen Wodka für das Sakko und einen Doppelten für den Wäscher gab.

Im Sommer hilft die Frischluft auf Balkon/Terrasse oder am offenen Fenster beim kostenlosen „Refreshing" der Klamotten.

Ein trockener, kühler, dunkler und gut belüfteter Waschraum im Keller ist da das Nonplusultra.

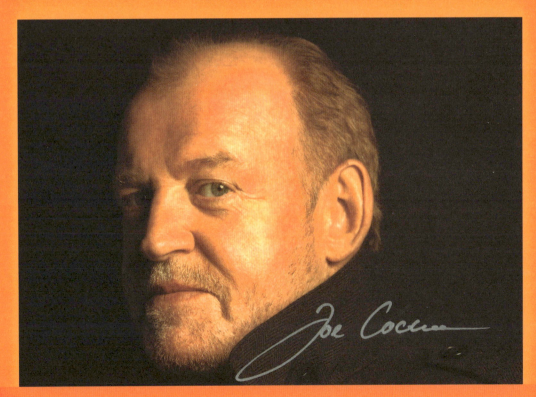

>>Das sollte man zu Hause haben!

Checkliste:

- Fusselbürste
- Samtbürste
- Kleberoller, optimal für Schwarzes und Dunkles
- Gallseife
- Spülmittel o. Ä., als Fettlöser und Netzmittel
- Bügeleisen, möglichst mit Dampf und Dampfstoß, nachfüllbar während des Bügelns, so dass keine unnötigen „Aufheizphasen" entstehen
- Bügeltisch, bitte immer auf eine gute Polsterung achten; alte, dünne und zerrissene Bezüge sind keine Hilfe und dann noch echte Motivationskiller
- Wäscheleine und Klammern
- Sprühflasche
- Wodka, als Geruchskiller mittlerweile jedem Leser des Buches bekannt
- Vollwaschmittel mit Bleiche und optischem Aufheller für Weißes
- Buntwaschmittel mit Enzymen, aber ohne optischen Aufheller für Buntes
- Feinwaschmittel, frei von Alkalität zur schonenden Wäsche und Handwäsche
- Dermatologisches Waschmittel für Allergiker oder als Ersatz für das Feinwaschmittel
- Waschmaschine
- Trockner - eventuell
- Wäschekorb

>>1.Der richtige Zeitpunkt!

Spätestens wenn Sie ein Riesenloch im Kleiderschrank vorfinden, ist es dringend angesagt, sich um die verschmutzte Wäsche zu kümmern. Den richtigen Zeitpunkt haben Sie dann allerdings schon verpasst. Schmutzwäsche sollte nicht zu lange lagern, denn eventuelle Flecken sind dann herrlich eingetrocknet – ihre Entfernung kann sich als ziemlich hartnäckig erweisen.

Wenn ich mit Künstlern als deren Wäscher oder auch Garderobier auf Tour bin, hängt meine Tätigkeit nicht zuletzt von Tourplänen und den Abläufen zwischen den Auftritten, die ich meist nicht steuern kann, ab.

>>EIN TYPISCHER TAG AUF TOUR >>

Der Bus steht. An Schlaf ist nicht mehr zu denken. Was sagt denn die Uhr? Viertel nach sieben: „Noch einmal für eine halbe Stunde schlafen lohnt sich nicht, da verpennst du eher." Also, raus aus dem Bunk (Bett im Tourbus). Wo sind denn meine Schuhe? Nimm doch die da, du alte Schlafmütze. Mann oh Mann, bin ich noch müde. Drei Tage hintereinander um drei Uhr nachts ins Bett und zwischen sieben und acht Uhr raus – das haut irgendwann den stärksten Krieger um. It's Rock-'n'-Roll and we like it! Wer diesen Spruch erfunden hat ... Egal, werd' erst mal wach, ohne die anderen zu wecken. Beim Video müsste man arbeiten, die können lange schlafen, sind auch früher fertig, irgendwie ungerecht. „Moin Jutta, moin Olli", die Caterer sind jeden Morgen die Ersten. Na klar, ohne Kaffee und ein gutes Frühstück will keiner so richtig loslegen, Flacker und Brauni sind auch schon wach und auf dem Weg in die Halle. Rigger sein ist wahrlich eine harte Nummer.

Brauni   Olli   Jutta

Jeden Morgen als Erster in die Halle, Hängepunkte suchen für die Motoren, die dann das ganze Licht- und Ton-Ge-rödel unter die Decke ziehen. Und nachts als Letzte in den Bus, weil ja die Motoren die Teile sind, die ganz zum Schluss in den Truck verladen werden. Wo sind wir denn heute überhaupt – ach ja, in der Frankfurter Festhalle! Sehr viel Platz für die Wäscherei hier, viel besser als gestern in Freiburg. Da standen meine Waschmaschinen mitten im Gardero-bengang in einer kleinen Nische. Man musste sich zwischen Wand und Maschinen durchquetschen – war ziemlich eng. Heute haben wir es in jeder Hinsicht paradiesisch. Der Platz für die Wäscherei ist üppig groß, alle Anschlüsse für Wasser, Abwasser und Strom sind schon vorhanden. Da geht das Anschließen der Maschinen wie von selbst. Aber erst mal eine Toilette und eine Dusche finden. Vergiss jetzt ja nicht die Handtücher mitzunehmen, sonst geht mit Duschen gar nichts und die Jungs und Mädels werden im wahrsten Sinne des Wortes stinkig sein. Kaffee ist fertig, es gibt Spie-geleier mit Speck und Bohnen, dazu noch ein Glas O-Saft, so kann es weitergehen. Enzo, unser Produktionsmanager, frühstückt auch schon und gemeinsam gehen wir die Belegung der Räume im Backstage-Bereich durch. Die Band hierhin, die separate Dusche mit WC geben wir den Fantas [6], die Mädels von den Backing-Vocals kriegen die Garderobe mit dem großen Spiegel.

Enzo   Backing-Vocals

DIE FANTASTISCHEN VIER

LIVE

VIEL
UNTERWEGS
TOUR 2004

FOUR artists

HANS JÜRGEN

Der örtliche Veranstalter hat alle Räume am frühen Morgen schon mit ein paar netten Sofas und Sesseln bestückt, sodass in den Garderoben eine angenehme Atmosphäre herrscht. Leider muss ich noch ein wenig verschieben, weil keiner daran gedacht hat, dass hier noch Platz für vier große Garderobencases benötigt wird.

Apropos Garderobencases: Sind die Helfer schon beim Ausladen? Kaum gedacht, rollt auch schon der erste mobile Schrank mit den Klamotten der Künstler durch den Garderobengang und beendet mein Frühstück. „Bitte alle in diesen Raum, an die rechte Wand." Ohne die örtlichen Helfer hätten wir, die Tourcrew, alles selbst vom Truck abzuladen und in die Halle zu schieben. Die Jungs der örtlichen Crew sind wirklich unverzichtbar und erleichtern uns die täglichen Aufgaben. Zuerst müssen die Garderobencases geöffnet und gecheckt werden, was beim Transport von Freiburg nach Frankfurt alles von den Kleiderbügeln gerutscht ist. Sieht ja heute ganz passabel aus. Nur ein paar einzelne Hosen finden sich auf dem Boden wieder. Das bringt mir heute etwas Entspannung beim Aufbügeln. Alle Cases im Raum so aufstellen, dass jeder auch genügend Platz davor hat, sich umzuziehen. Dann die Schuhe raus zum Lüften und den großen Sack mit der Schmutzwäsche hinüber in die Wäscherei bringen. Dort stehen schon meine Waschmaschine und der Trockner und warten, wie der Caterer neben der Spüle, bereits auf ihren Einsatz.

Ein wenig Raum-Sharing muss man auf jeder Tour betreiben, denn irgendwie ist es immer wieder nötig, zusammen-zurücken und sich gegenseitig zu helfen. Wäschewaschen und Geschirrspülen finden hier in einem Raum statt. Da wird wenigstens niemandem langweilig und man hat sich ja immer etwas zu erzählen: Wie war denn die Tour bis hierhin? Wo spielt ihr denn noch? Sehen wir uns noch mal auf einem Festival?, und so weiter und so weiter.

Aus dem großen Schmutzwäschesack hole ich jetzt die Sachen, die nach dem Waschen nicht in den Trockner dürfen. Die wasche ich zuerst und hänge sie dann auf Kleiderbügeln hinter die Trockner in die warme Abluft. So bin ich sicher, dass sie rechtzeitig trocken werden und dabei nicht einlaufen. Bei der letzten Tour habe ich dummer-weise das eine oder andere T-Shirt im Trockner geschrumpft. Das passiert mir so schnell aber nicht wieder. Danach kommen die trocknertauglichen Kleidungsstücke, wie Socken und Unterwäsche, in die Maschinen. Helles zu Hellem und Dunkles mit Dunklem, dazu noch ein wenig Biowaschmittel, und ab geht die Post. Im Kurzprogramm mit 40 Grad wird die Wäsche wieder frisch für den nächsten Auftritt.

Huh, was schnüffelt denn da an meinem Ohr? Madame, unser Tour-Hund, ist auch schon unterwegs. Dann ist Thomas D sicher nicht weit. Auf dem Weg zurück zur Garderobe kommt er mir schon entgegen: „Moin Töpfchen, weißt du, wo es zum Catering geht?" Na klar, da saß ich doch vor vier Stunden mit Enzo. Wie die Zeit vergeht, schon halb elf und man hat das Gefühl, eben erst aufgestanden zu sein. So nach und nach trudeln sie alle ein. Michi, Smudo und Andy durchlaufen das allmorgendliche Prozedere wie jeder in der Crew. Duschen, Frühstück, sich in der Halle orientieren: Wo sind wir? Wo ist unsere Garderobe, das Produktionsbüro, Bühne, etc.? Ach so, die Wäsche. Fast hätte ich das vergessen. Jetzt aber schnell mal nachschauen, ob die T-Shirts trocken sind, und die Waschmaschine wieder nachladen. Die schmutzigen Geschirrtücher vom Catering liegen bereits neben der Waschmaschine. Das wird die nächste Ladung. 60 Grad, Biowaschmittel und ein Extra-Schuss Sauerstoffbleiche, da weiß man, was man hat! Trockner füllen, T-Shirts abhängen und bügeln. Trockner leeren, weiterbügeln, weiterbügeln, weiterbügeln. Ich hasse bügeln!!!

Warum blinkt denn die ganze Zeit das Display an der Waschmaschine?! Oje, der Schlauch ist verstopft, war wohl was Dickes zwischen den Geschirrtüchern. Blech abschrauben, Flusensieb entleeren: „Igitt, igitt", und weiter geht es.

Noch ein paar Handtücher auf die Bühne bringen und den kleinen Raum dahinter herrichten. Apfelsaftschorle, Wasser, Eis-Spray, Tempos und Q-Tips bereitlegen. Wie spät ist es denn? Gleich sechs. Da gibt es Abendessen (das Mittagessen ist dem Waschen der Crew-Wäsche leider zum Opfer gefallen). „Olli, wenn du weiter so superlecker kochst, nehme ich auf dieser Tour bestimmt fünf Kilo zu!" Das Catering ist für uns alle, Crew, Band und Künstler, wie ein Wohnzimmer auf Zeit und wenn es dann noch so köstlich schmeckt, macht das Beisammensein umso mehr Spaß. 19 Uhr. Noch eine Stunde bis zur Show, in der Garderobe ist alles entspannt, jeder hat noch was zu erledigen. Michi geht mit mir die Klamotten für die Show durch und ich halte mich auf Standby. Die Stunde vor der Show vergeht wie im Flug.

„T minus 15" heißt noch 15 Minuten bis zum Auftritt. Alle stehen in den Startlöchern. Wechselgarderoben in den Quickchange, ein bisschen Obst vorbereiten: Bananen für die Power, Kiwis oder Mandarinen als Erfrischung. Dann geht es los.

Die Halle bebt, die Show ist furios, ein Feuerwerk von Light-Show und Hip-Hop-Beats. Beim dritten Lied kommt Thomas' Jacke geflogen, beim vierten Smudos, danach bringt mir der Rowdie die von Michi. Alle drei Jacken sichern und in die Garderobe zurückbringen, damit sie ja nicht in irgendeinem Eck landen und vergessen werden. Das wäre dann der Supergau für mich. Ein unverzeihlicher Fehler eines jeden Garderobiers! Wäscheverlust, das klingt in meinen Ohren wie „Totalschaden". Gott sei Dank hat es das in 27 Jahren Rock'n' Roll noch nie gegeben.

Kurze Pause zwischen zwei Songs, die Jungs erfrischen sich kurz im Quickchange: Ein Happen Banane, ein Stück Kiwi, neues T-Shirt, und weiter geht es. Schnell die Wechselshirts in die Garderobe, zurück an die Bühne, Standby. Man weiß ja nie, was noch so kommt. Da bricht mal eine Gürtelschnalle und schon rennst du auf der Suche nach Ersatz. Fuß verknackst, schnell Eis-Spray drauf und weiter. So etwas kann immer mal passieren.

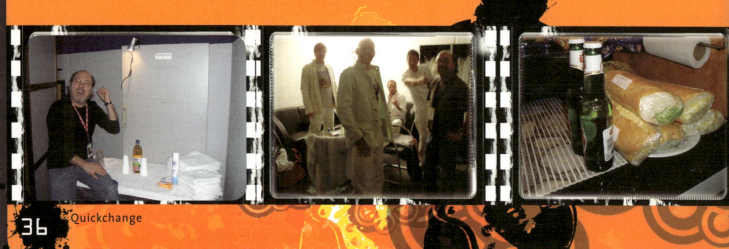

Show-Ende! Zugabe über Zugabe! Alle von der Bühne, außer mir. Ich muss schnell rauf und „cross-checken". Liegen irgendwelche persönlichen Gegenstände rum? Handtücher und Basecaps einsammeln. O.k.! In der Garderobe alles wieder verstauen und die Schmutzwäsche für den nächsten Waschtag zusammensuchen. Cases raus aus der Garderobe auf den Gang, rein in den Truck. Feierabend. Fast. Noch ein letzter Check der jetzt leeren Garderobe. Nichts liegengelassen?

Zwei Uhr nachts mit der Crew im Tourbus noch ein Bierchen trinken und zwei belegte Brote („Tourschnittchen") essen, um halb drei in die Kiste. Jubel herrscht vor – der nächste Tag ist ein Off-Day: Das heißt ausschlafen, den freien Tag genießen und ein Sightseeing in Hamburg mitmachen.

<<ROCK'N'ROLL IST ECHT GEIL!

>>2.Die Vorsortierung

Das A und O des Waschens ist das Sortieren der Schmutzwäsche vor dem Waschen.

Nach der gewissenhaften Kontrolle der Taschen von Jeans, Jacken, Blusen oder Hemden auf Fremdkörper (Kulis, Büroklammern, Quittungen, Papiertaschentücher, Schrauben, Tampons, Lippenstifte etc.) sollten alle Reißverschlüsse zugezogen werden.

Denken Sie bei Bettbezügen daran, die Knöpfe zu schließen, damit keine Wäschestücke hineingeraten können. Dies geschieht ebenso bei Häkchen von BHs und Korsagen sowie bei Druckknöpfen. Bänder werden durch Zusammenbinden am Abreißen und Verheddern gehindert.

Wenn Ihnen die Farbenfreude Ihrer Kleidung am Herzen liegt, sollten Sie sie vor dem Waschen umdrehen, denn das „Waschen auf links" hilft immer noch sehr beim Schonen der Farben. Hilfreich ist auch die Suche nach Irrläufern wie bunten Socken im Bettbezug oder roten Tüchlein in weißen Sommerhosen. Diese kleinen, heimtückischen Biester werden Ihnen bei Nichtentdeckung sowohl die Zornesröte ins Gesicht treiben, als auch selbigen Farbton auf der Hose verteilen.

Babyrosa und Pastellblau sind definitiv die falschen Farben für ursprünglich weiße Unterwäsche und zeugen oft im denkbar falschesten Moment von vergangenen Waschsünden.

DICKER NORWEGER-PULLI IN MINI-GRÖSSE FÜR EXTREM KALTE WINTER

>> Hätte ich vor zehn Jahren Chrissy Pohls Beutel Schmutzwäsche richtig vorsortiert, wäre er wohl immer noch stolzer Besitzer eines wunderschönen, grauen Kaschmirpullovers. Das gute Stück wurde aber mit dem übrigen Inhalt des Schmutzwäschebeutels bei 40 Grad im Normalwaschprogramm so durchgenudelt, dass es am Ende dieser Behandlung eher als Modell „Kleiner dicker Norwegerpulli für extrem kalte Winter" Verwendung hätte finden können. Dass ich mir bei jedem späteren Zusammentreffen mit Chrissy seine vermeintlich lustigen Sprüche zum Thema „Kaschmirpulli" bzw. „Vorsortieren" anhören musste, wird jedem einleuchten.

Die Erlösung kam erst 2004 bei Herbert Grönemeyers Mensch-Tour, als Chrissy in Hamburg die technische Koordination vor Ort in der AOL-Arena leitete. Diesmal wurde sein Wäschebeutel vor dem Waschen 1000%ig genau kontrolliert. Und was kam zum Vorschein – sein Mobiltelefon!
In der Hosentasche nach dem Ausziehen vergessen, wurde es von Klaus, meinem hilfreichen Cousin, gefunden. Bei der Übergabe versprach Chrissy, in meiner Gegenwart nie wieder über Kaschmirpullis zu lästern.

Chrissi und Klaus

TASCHEN VOLLER GELD

>> Als Marillion[7] in den Neunzigern mit ihrer Misplaced-Childhood-Tour in der Ludwigshafener Ebert-Halle gastierten, bekam ich den Auftrag, die Wäsche der Band und ihrer Tourcrew zu waschen. Also stand ich frühmorgens im Produktionsbüro und nahm ein paar Taschen und Tüten voller Schmutzwäsche in Empfang. „Please be back at four", verabschiedete mich der englische Tourmanager. Das sollte wohl kein Problem sein, die paar Waschaufträge bis zum Nachmittag zu erledigen! In der Wäscherei angekommen, begann ich sofort mit dem Vorsortieren. Helles zu Hellem, Dunkles zu Dunklem – keine besonders empfindlichen Sachen wie Seidenhemden oder Lederjacken für die chemische Reinigung. Reißverschlüsse und Knöpfe schließen, Taschenkontrolle. Ups, was ist denn das? Ein Papierknäuel in der vorderen Jeanstasche entpuppte sich als Geldbündel. Ich finde ja die merkwürdigsten Sachen in allen möglichen Taschen, aber das war wirklich einmalig: Fast 6000 DM in verschiedenen Währungen hatte der Verkäufer von T-Shirts und Tourpostern in seiner Hose vor lauter Hektik beim Umziehen vergessen!

Die Freude war groß, als ich ihm am Nachmittag nicht nur seine saubere Wäsche, sondern auch sein Vermögen wiederbrachte. Als Dankeschön gab es neben der Einladung zur „Jacky-Cola-Aftershow-Party" noch ein T-Shirt zur Erinnerung.

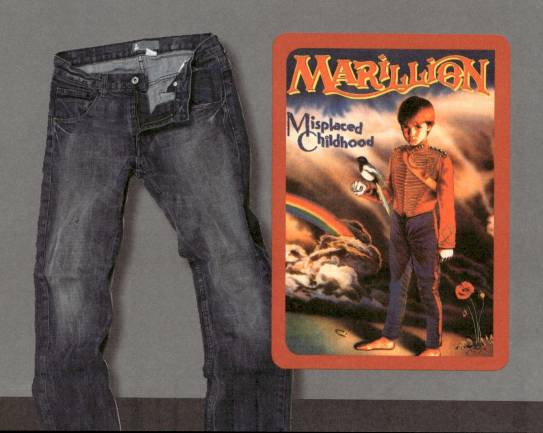

>>TURANDOT[8] UND TAUSEND SCHNÜRE

>> Reißverschlüsse zuzuziehen, Häkchen von BHs zu schließen und Bändchen vor dem Waschen zu verknoten sollte jedem Waschwilligen in Fleisch und Blut übergehen, um Textilschäden zu vermeiden. Aber wie verhindert man, dass sich ca. ein Meter lange, an Hunderten von Kragen- und Bauchbinden befestigte Schnüre in der Waschmaschine verheddern?

Wer hat schon Lust und Zeit, nach dem Waschen diesen Knäuel von Bändchen stundenlang zu entwirren? Niemand – eben!

Am allerwenigsten Caroline und ich, als wir in Paris die Wäsche des Opernensembles waschen sollten. Diese bis dato weltgrößte Open-Air-Opernproduktion mit ca. 800 mitwirkenden Künstlern und Statisten war auch eine große Herausforderung für die Rock-'n'-Roll-Laundry. Überwältigend waren die Dimensionen des gigantischen Bühnenbildes und der zum Teil handgefertigten Kostüme, die in 40 Seecontainern von China nach Europa transportiert wurden. Unsere acht Waschmaschinen und acht Trockner wirkten da mehr als bescheiden, aber wir schafften es, alle anfallenden Waschaufträge zu erledigen. Hätte Caroline nicht die Idee gehabt, jeweils 30 Bänder zu einem dicken Zopf zu flechten, der nach dem Waschen wieder ganz leicht zu lösen war, würden wir wahrscheinlich noch heute in unserer Wäscherei im Stade du France in Paris sitzen und Schnurknäuel entwirren.

So aber konnten wir gemeinsam einer atemberaubenden Aufführung von Puccinis Oper Turandot beiwohnen und noch heute überfällt uns beim Hören der Arie „Nessun dorma" eine Gänsehaut.

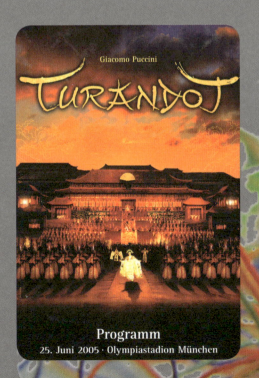

Giacomo Puccini

TURANDOT

Programm
25. Juni 2005 · Olympiastadion München

>> QUEENS OF NOISE [9] -
ES GEHT AUCH ANDERS

>> Wer im März 2004 eines der Konzerte von Pink besuchte, traute kaum seinen Augen. Da standen allabendlich vor jeder Pink-Show zwei ausgeflippte D-Janes auf der Bühne und verlangten ihrem Publikum alles ab. Teils lasziv, teils gelangweilt, die Zigarette lässig im Mundwinkel, ein Bühnenoutfit „Marke Secondhand" und eine Live-Show, die jeden Besucher vor die bange Frage stellte: Wollen oder können die nicht?

Der Auftritt entpuppte sich aber schnell als ein mitreißender und provokativer DJ-Act mit perfektem Groove.

So richtig zum Grooven kamen auch meine Waschmaschinen, als ich die Wäsche der Mädels bearbeitete. So schräg wie ihre Show, so schräg und bunt waren auch ihre Klamotten. Ein Vorsortieren ihrer Wäsche war jedenfalls nicht notwendig – der Farbmix war schon vor meiner Zeit zustande gekommen und ich musste mir keine Gedanken machen. Das Waschen ihrer Klamotten konnte ich getrost unter „easy going" abhaken.

>> MERKE: JE GENAUER SIE BEIM VORSORTIEREN ARBEITEN, UMSO GERINGER IST DIE ANZAHL UN-LIEBSAMER ÜBERRASCHUNGEN.

we love you from Hans
MAIREAD x

Queens of Noize

TABITHA
IN GOOD HANS

>>3.Die Pflegekennzeichen

Durch das Linksdrehen der Kleidung fallen einem die Pflegeetiketten der Textilien förmlich ins Auge. Überall hängen sie, die kleinen, weißen Stoffzettel mit den doch so wichtigen Informationen für uns Wäscher.
Neben der Größenangabe, dem Herkunftsland und der Stoffart enthalten sie die modernen Hieroglyphen des Waschens und des Reinigens. Nur wer sie lesen kann, wird beim Waschen fatalen Fehlern vorbeugen können. Und damit das auch jeder versteht, sind die Zeichen weltweit standardisiert, sozusagen international.

Weil sie so furchtbar wichtig sind, finden Sie die Tabelle mit den aktuellen Pflegekennzeichen als Lesezeichen in diesem Buch. Es sollte immer griffbereit bei Ihrer Waschmaschine liegen, sodass Sie im Zweifelsfall darauf zurückgreifen können. Die für das Vorsortieren wichtigsten Pflegekennzeichen möchte ich Ihnen vorstellen.

DAZU DER EINFACHE TIPP VON EMILIO SOSA, DEM GARDEROBIER DER CÉLINE-DION-TOUR 2008:

>>READ THE INSTRUCTIONS!

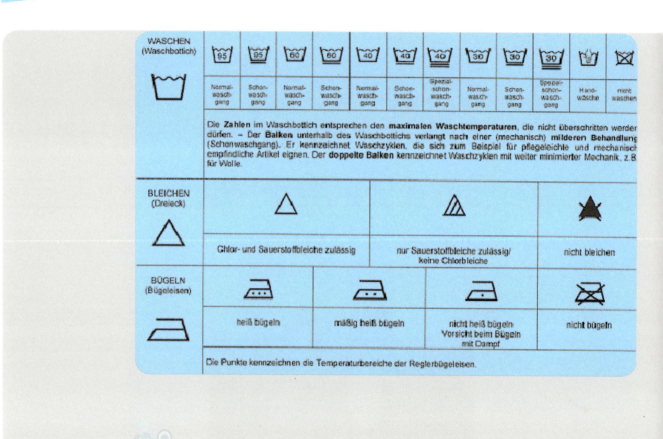

WASCHEN (Waschbottich)	95	95	60	60	40	40	40	30	30	30	Handwäsche	nicht waschen
	Normal-wasch-gang	Schon-wasch-gang	Normal-wasch-gang	Schon-wasch-gang	Normal-wasch-gang	Schon-wasch-gang	Spezial-schon-wasch-gang	Normal-wasch-gang	Schon-wasch-gang	Spezial-schon-wasch-gang	Hand-wäsche	nicht waschen

Die **Zahlen** im Waschbottich entsprechen den **maximalen Waschtemperaturen**, die nicht überschritten werden dürfen. – Der **Balken** unterhalb des Waschbottichs verlangt nach einer (mechanisch) **milderen Behandlung** (Schonwaschgang). Er kennzeichnet Waschzyklen, die sich zum Beispiel für pflegeleichte und mechanisch empfindliche Artikel eignen. Der **doppelte Balken** kennzeichnet Waschzyklen mit weiter minimierter Mechanik, z.B. für Wolle.

BLEICHEN (Dreieck)			
	Chlor- und Sauerstoffbleiche zulässig	nur Sauerstoffbleiche zulässig/ keine Chlorbleiche	nicht bleichen

BÜGELN (Bügeleisen)			
	heiß bügeln	mäßig heiß bügeln	nicht heiß bügeln Vorsicht beim Bügeln mit Dampf	nicht bügeln

Die Punkte kennzeichnen die Temperaturbereiche der Reglerbügeleisen.

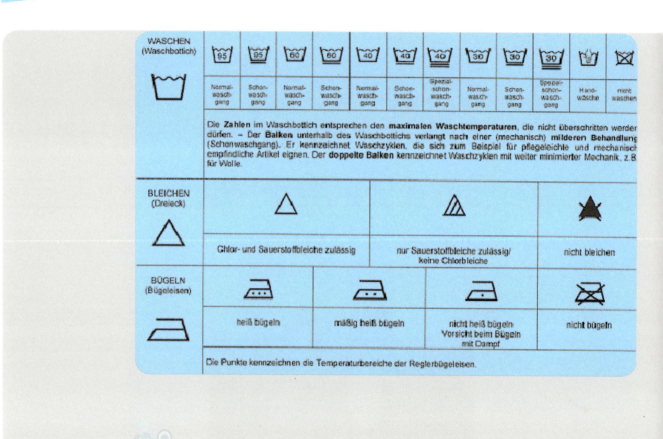

PROFESSIONELLE TEXTILPFLEGE (Reinigungs-trommel)	Ⓟ	Ⓟ	Ⓕ	Ⓕ	⊠
					keine Chemisch-reinigung möglich

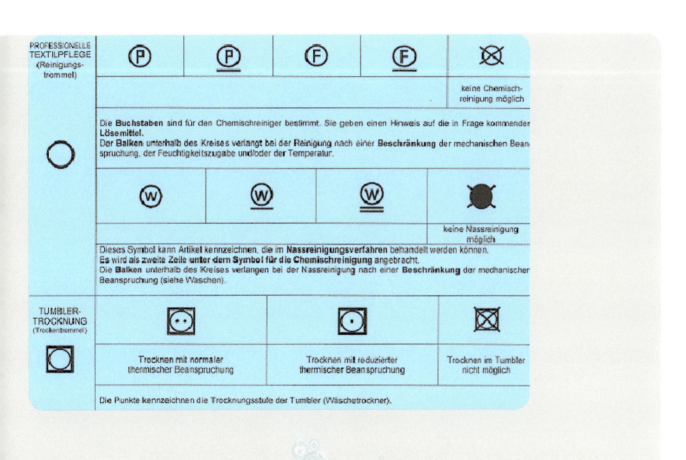

Die **Buchstaben** sind für den Chemischreiniger bestimmt. Sie geben einen Hinweis auf die in Frage kommenden Lösemittel.
Der **Balken** unterhalb des Kreises verlangt bei der Reinigung nach einer **Beschränkung** der mechanischen Beanspruchung, der Feuchtigkeitszugabe und/oder der Temperatur.

ⓦ	ⓦ	ⓦ	⊗
			keine Nassreinigung möglich

Dieses Symbol kann Artikel kennzeichnen, die im **Nassreinigungsverfahren** behandelt werden können.
Es wird als zweite Zeile **unter dem Symbol für die Chemischreinigung** angebracht.
Die **Balken** unterhalb des Kreises verlangen bei der Nassreinigung nach einer **Beschränkung** der mechanischen Beanspruchung (siehe Waschen).

TUMBLER-TROCKNUNG (Trockentrommel)	⊡⊡	⊡	⊠
	Trocknen mit normaler thermischer Beanspruchung	Trocknen mit reduzierter thermischer Beanspruchung	Trocknen im Tumbler nicht möglich

Die Punkte kennzeichnen die Trocknungsstufe der Tumbler (Wäschetrockner).

⬜ Trocknen auf der Leine

▥ Tropfnass aufhängen

⊟ Liegend trocknen

⊿ Nicht in der Sonne trocknen

>>DIE HORRORHOSE VON DAVID HASSELHOFF[10]

>> Um es gleich vorwegzunehmen, es geht hier nicht um den Menschen bzw. Künstler David Hasselhoff und auch nicht um seine Musik. Es geht schlicht und ergreifend um ein paar simple, goldfarbene Hosen, die den Horror auslösten.

Als Brigitte, Davids deutsche Garderobiere, sich im Auftrag des Tourmanagers bei mir meldete, war dies ein ganz normaler Vorgang. „Töpfchen, kannst du morgen früh im Mannheimer Rosengarten vorbeikommen und ein paar Klamotten für Hasselhoff reinigen?" „Na klar, nichts leichter als das!", antwortete ich, ohne zu ahnen, welche Überraschungen das Leben so bieten kann. Am nächsten Morgen war die Freude groß, altbekannte Freunde wie David und Brigitte wieder zu sehen, und bei einem Tässchen Kaffee erklärte Brigitte mir die Besonderheiten der zu reinigenden Garderoben: „Die goldene Hose auf keinen Fall waschen, nur chemisch reinigen, die läuft sonst ein." O.k., no problem!

Ab damit in die Reinigung meines Freundes mit dem Hinweis: „Reinige mir die mal bitte bis 15 Uhr. Die gehört dem Hasselhof." Der Reiniger namens Hank, ein echter Profi, erkennt den vom Schweiß erzeugten Salzrand an der Hose und beschließt, ein Nassreinigungsverfahren anzuwenden, sprich, er hat das Teil gewaschen, ohne mich davon zu unterrichten. Bei der Rücklieferung am späten Nachmittag bemerkte Brigitte sofort den Sauberkeitsgrad, aber auch den Längenverlust der Hosenbeine von ca. fünf Zentimetern. Durch Auftrennen des Saumes konnte sie die Hose zwar retten, aber ich hatte mal wieder die A…-Karte.

Gute Freunde halten zusammen, auch in schweren Zeiten. So ereilte mich zwei Tage später wieder Brigittes Ruf, diesmal aus Mainz: „Töpfchen, geht das noch mal mit Davids Klamotten?" Na klar, ich hatte ja was gutzumachen!

Nach Mainz gefahren, Klamotten geholt, Waschbares selbst waschen, goldene Hosen in die Reinigung. „Die goldenen Hosen musst du chemisch reinigen, die sind beim letzten Mal fälschlicherweise gewaschen worden und fünf Zentimeter eingelaufen. Dass mir das jetzt ja funktioniert!", instruierte ich den Reiniger. Das kam an, und jeder hätte die Bedeutung dieser Botschaft an meinem warnenden Tonfall erkannt.

Leider bekam seine treue und durchaus sehr erfahrene Büglerin dieses nicht mit. Als Hank im Laden andere Kunden bediente, schnappte sie sich die Hose und erkannte ganz fachmännisch den Salzrand, der ja unbedingt weggewaschen werden musste. Bevor der Chef besagte Hose einer chemischen Reinigung unterziehen konnte, schwamm diese bereits zum zweiten Mal in der Waschmaschine. Ein erneuter Längenverlust war auch mit einem Notstopp nicht mehr zu verhindern. Außer Brigitte, Hank, seiner Mitarbeiterin und mir merkte niemand, dass David in Mainz ein Mal auf seine goldene Hose verzichten musste.

Tage später fand Brigitte im Textilhandel endlich einen vergleichbaren goldenen Stoff, aus dem sie zwei neue Hosen anfertigte. Die Rechnung für den Stoff schickte sie mir.

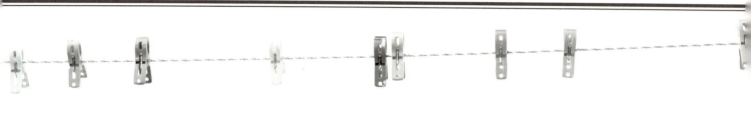

Nicht zum Waschen geeignete Textilien sind mit dem Zeichen für chemische Reinigung versehen.
Der Kreis empfiehlt eine Reinigung in einem speziellen Lösemittel.

Ein W in diesem Kreis erlaubt auch eine Nassreinigung durch den Fachmann. Es handelt sich dabei um ein modernes Reinigungsverfahren, welches auf chemische Lösemittel verzichtet. Dafür sind professionelle Maschinen notwendig, die für den Haushaltsbedarf nicht zur Verfügung stehen. Der Profi-Textilpfleger ist hier unser Helfer und Ansprechpartner bei Reinigungsfragen (siehe Kapitel 5, ab S.109).

Die Einteilung in Koch-/Buntwäsche und Pflegeleichtes ist eine Grundvoraussetzung, um die Wäsche entsprechend der vorgegebenen Trocknungsstufe zu trocknen. Hält man sich nicht an die durch Pflegekennzeichen vorgegebenen Trocknungsgrade, kann dies zu Übertrocknung und starkem Einlaufen von Naturfasern führen.

Koch- und Buntwäsche lassen sich im Regelfall mit normaler thermischer Beanspruchung trocknen.

Das mit einem Punkt gekennzeichnete Quadrat verlangt eine reduzierte thermische Beanspruchung, meist bei pflegeleichten Textilien.

Das durchgestrichene Zeichen verbietet eine Behandlung im Trockner.

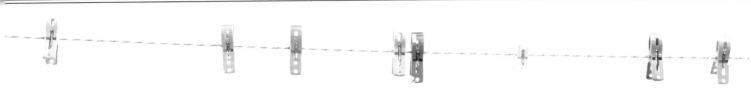

So einfach erkennbar der Waschbottich als Pflegekennzeichen für Waschen ist, so leicht versteht auch jeder
den Sinn des Bügeleisens – jawohl, es steht für das
Bügeln der Textilien. Da die verschiedenen Faserarten
sehr individuell auf Temperaturen reagieren, sind alle
Bügeleisen mit einem Wählschalter für die Einstellung
der richtigen Bügeltemperatur ausgestattet. Die Anzahl
der Punkte im Symbol gibt Ihnen Auskunft über die erlaubte maximale Bügeltemperatur.

Drei Punkte im Bügeleisen bedeutet: richtig heiß, da
werden glatt 180 bis 210 Grad erreicht. Gut für Baumwolle und Leinen, aber der Killer für Kunstfasern aller
Art.

Bei zwei Punkten erhitzt sich die Bügelfläche auf ca. 150
Grad und ist dann für Textilien aus Viskose, Wolle oder
Seide geeignet.

Die niedrigste Stufe, ein Punkt, erreicht nur noch ca.
120 Grad und erlaubt das Bügeln von Polyacryl und aze-
tathaltiger Garderobe. Hierbei empfiehlt es sich aber, die
Kleidungsstücke von links zu bügeln. Hilfreich ist auch
ein darübergelegtes, glattes, leicht feuchtes Tuch. Keinen
Dampfstoß anwenden, sonst droht „Faserverschiebung"
bei dünnen Geweben.

>>FASERVERSCHIEBUNG ODER SHIT HAPPENS !

>> Als ich 2004 die Tour eines sehr bekannten deutschen Künstlers betreute, passierte mir beim Konzert in Wien ein kleines, aber nicht unbedeutendes Missgeschick. Die Bluse eines neuen Tourmitglieds sollte „mal schnell bis Ende der Show" gewaschen werden. Null problemo: 30-Grad-Kurzprogramm, ein wenig Biowaschmittel, leichtes Schleudern und zum Trocknen eine Stunde in die warme Abluft des Trockners hängen. Jetzt nur noch vorsichtig bügeln und alles ist gut.

Zisch!, entfuhr es dem Bügeleisen, als ich versehentlich den Knopf für den Dampfstoß betätigte. Starr vor Schreck erkannte ich, wie sich im Bruchteil einer Sekunde das Gewebe am Kragen weitete, ja, es verschoben sich die empfindlichen Azetatfasern und ich konnte durch den Oberstoff auf die darunterliegende Krageneinlage schauen. Schöne Bescherung, der Kragen ist hin, dachte ich. Ein Fluch begleitete meine Gedanken. Aela, Wienerin und die Freundin unseres Tourleiters, schaute recht verwundert ob meiner Kraftausdrücke und erkundigte sich nach dem Geschehenen. Kurz erklärte ich ihr mein Problem, ohne zu wissen, dass die Lösung desselben gerade vor mir stand: „Na, das ist ja wohl die leichteste Übung für eine Modeschneiderin. Da wende ich dir mal schnell den Kragen und alles wird wieder gut." Der Stein, der mir vom Herzen fiel, hätte durchaus ein mächtiges Erdbeben auslösen können, so groß war meine Erleichterung. Aela schnappte sich das gute Stück, fuhr in ihr Atelier und kam zwei Stunden später mit einer perfekten Bluse zurück.

Das Bügeln hat sie mir vorsichtshalber auch gleich abgenommen. Bis heute blieb dies unser großes Geheimnis.

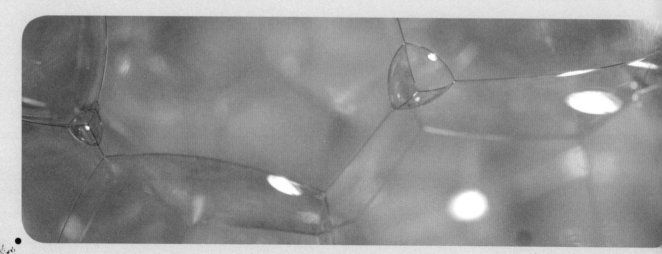

Ist das Bügeleisen durchgestrichen, bedeutet dies ein Bügelverbot, und man sollte es auch beherzigen, sonst droht wieder mal ein Totalschaden am Textil sowie ein durch verschmelzende Kunststoffrückstände beschädigtes Bügeleisen.

Es empfiehlt sich, das Kleidungsstück feucht in Form zu ziehen und weitere Hinweise auf dem Pflegekennzeichen zu beachten.

Beim Waschen zu Hause zeigt uns der Waschbottich auf dem Pflegeetikett gleich mehrere verschiedene Parameter an. Die maximale Waschtemperatur erscheint als Zahl im Bottich (30, 40, 60, 95 Grad), Balken unter dem Bottich verweisen auf die Behandlung und das Waschprogramm: Kein Balken bedeutet Standardprogramm, ein Balken steht für das Schonwaschprogramm und zwei Balken fordern ein noch schonenderes Feinwaschprogramm.

Dieses wird nur noch vom Zeichen für Handwäsche übertroffen und bedeutet so viel wie den fast vollständigen Verzicht auf Waschmechanik.

Das Dreieck als Zeichen für das Bleichen von Wäsche darf nicht unterschätzt werden, da es bei Missachtung und falschem Gebrauch von Chlorbleichen zu erheblichen Wäscheschäden kommen kann. Der Einsatz von chlorhaltigen Haushaltsreinigern als letztes Mittel oder „Mother`s little Helper" führt bei weißer Wäsche schnell zu Faserschäden bzw. Löchern und bei bunter Wäsche ebenso schnell zu Farbveränderungen und Farbverlusten.

>>PETER KRAUS'[12]
VERFÄRBTE
HEMDEN

>> Als Peter Kraus und Karsten
Speck mit der Show „Ein Kessel
Buntes" in den Neunzigerjahren durch
Deutschland tourten, übernachteten sie
auch in Ludwigshafen. Gerne übernahm
ich damals die Reinigung der Bühnengar-
derobe für ihren Auftritt im Mannheimer
Rosengarten. Ganz Profi, brachte ich die
mit einem Kreis (chemische Reinigung)
gekennzeichnete Kleidung zu einem befreundeten Textilreiniger in der Stadt. Es
handelte sich um diverse Hosen, Jacketts
sowie drei Seidenhemden. Die Hemden
waren weißgrundig und mit schwarzen
Punkten und Streifen gemustert. Als ich
die gereinigten und in Folien gehüllten
Kleidungsstücke abholte und im Produktionsbüro des Tourveranstalters abgeben
wollte, lief es mir kalt den Rücken her-
unter: Unter der Verpackung kamen drei
verfärbte Hemden zum Vorschein. Dies
wurde natürlich zu Recht sofort vom Produktionsleiter reklamiert.

Die schwarze Farbe der Punkte und Streifen war „ausgeblutet" und das strahlende Weiß hatte sich in ein Mausgrau verwandelt. „Kann man wieder entfärben", war meine schnelle Entgegnung und Lösung des Problems, welches ich nicht einmal selbst zu verantworten hatte. Gesagt, getan! Hemden zurück zum Reiniger mit dem Auftrag, seinen Fehler durch entsprechende Maßnahmen wiedergutzumachen. Als ich sie nach einer Stunde abholen wollte, traf mich fast der Schlag: Die vormals weißen, dann grauen Hemden waren jetzt orangefarben! Fassungslos hörte ich mir die Entschuldigung des Verantwortlichen an, der mittlerweile auch am Ende seines Lateins und seiner Kräfte war. Die Hemden waren jetzt ein Totalschaden. Der Versuch, den Grauschleier mit einer chlorhaltigen Bleiche zu entfernen, war völlig fehlgeschlagen und endete in einer unvorhersehbaren chemischen Farbreaktion. Ich muss wohl nicht darauf hinweisen, dass ich mir, als ich die orangefarbenen Hemden zurückbrachte, wie ein Idiot vorkam. Der Schaden wurde vom Reiniger beglichen und ich bin seit dieser Zeit definitiv kein Freund von chlorhaltigem Bleichen.

>>4.Zum Thema Farbe

Grundsätzlich gilt beim Vorsortieren also die Regel: Helles zu Hellem, Dunkles zu Dunklem sowie Buntes zu Buntem. Damit lässt sich dann schon waschen, und nichts ist schöner, als das beste Stück danach sauber und in der Originalfarbe in Händen zu halten. Aber wie so oft im Leben, steckt auch hier der Teufel im Detail und es drohen Verfärbungen und Farbverluste. Besonders die Farben Rot und Schwarz gelten als wahre Verfärbungsfavoriten.

>>JOE-COCKER-TOUR 2007

>> Die letzten Akkorde von „With a little help from my friends" verklingen in der ausverkauften Seidensticker-Halle und tosender Beifall begleitet Joe Cocker bei seinem Weg von der Bühne. Ich stehe schon bei meinen Waschmaschinen und warte auf die Garderobe der soeben beendeten Show. Mel, Joes Garderobiere, bringt mir die allabendlich gleiche Maschinenladung seiner Bühnengarderobe: Ein schwarzes Hemd, eine schwarze Hose – sortieren ist nicht notwendig und alles kann bei 30 Grad im Handwaschprogramm in die Trommel gegeben werden. Eine Stunde nach dem Auftritt sind Hemd und Hose schon wieder einsatzbereit für die nächste Show.

Joe Cocker und H.-J. Topf (v.l.n.r.)

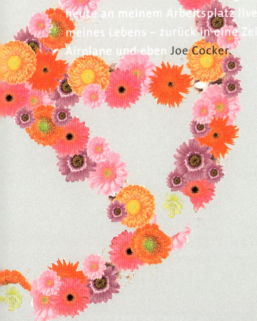

Als 16-Jähriger habe ich mir öfters den Woodstock-Film angeschaut – nie hätte ich damals gedacht, durch meinen Beruf einem der Protagonisten so nahe zu kommen. Wenn ich „With a little help from my friends" heute an meinem Arbeitsplatz live höre, erlebe ich zugleich einen Flashback durch fast vier Jahrzehnte meines Lebens – zurück in eine Zeit voller Träume und Ideen mit Jimmy Hendrix, Ten Years After, Jefferson Airplane und eben Joe Cocker.

>> TIPP VON CHARLIE HERNANDEZ, DEM PRODUKTIONSMANAGER DER POLICE-TOUR 2008:

>> Selbst wenn man farblich ähnliche Wäschestücke mischt und gemeinsam wäscht, leiden die Textilien nach mehrmaliger Behandlung dieser Art unter Farbverlust und Ausbleichen. Oftmals treten unerwünschte Verfärbungen aber nicht durch falsches Vorsortieren auf, sondern durch unvollständiges Entleeren der Waschmaschine nach dem Waschen. Wer hier, wenn auch unbeabsichtigt, den berühmten schwarzen Socken oder das bunte Taschentuch in der Trommel übersieht, wird sein graues bzw. buntes Wunder nach dem darauffolgenden Waschgang erleben – etwa bei vorher ganz sicher noch weißen T-Shirts ...

„Charly

Charlie Hernandez

TO GET YOUR LAUNDRY BACK
NO BAND NAMES
Everything IN BLACK

THE POLICE
WORLD TOUR 2007

ANDY
RESSING ROOM

>> GREENFIELD-FESTIVAL SCHWEIZ 2008 – EIN TAGEBUCH

>>   Donnerstag, 12. Juni Ludwigshafen – morgens gehe ich zur IHK und hole das Carnet ab, da die Schweizer Zöllner sehen wollen, dass ich meine Handtücher und Waschmaschinen für das Festival auch wieder mit nach Hause nehme und nicht in der Schweiz verkaufe. Warum sollte ich, ich brauche sie schließlich für meine Arbeit. Reine Bürokratie!

Die Fahrt in die Schweiz bei Sonnenschein war wunderbar. Grenzübertritt mit Zollabfertigung ebenso. Steffen, mein Sohn, ist mit seinem Kumpel Moritz schon drei Stunden vorher in Richtung Österreich aufgebrochen, um dort für das Nova-Rock-Festival die Handtücher und die Wäscherei zu liefern.

Caroline ist auf dem Weg zu Céline Dion in Frankfurt, um die Maschinen für den folgenden Produktionstag zu installieren. Übermorgen wird Achim, mein ältester Sohn, allein mit 300 Handtüchern und zwei Waschmaschinen und Trocknern nach Düsseldorf in die LTU-Arena fahren, um die Springsteen-Tour zu betreuen. Das ist real Family Business – alle Töpfe on tour.

Freitag, 13. Juni

Habe die Nacht auf meinem Feldbett im Transporter verbracht, da der Veranstalter wieder einmal kein Hotel für die Rock-'n'-Roll-Laundry gebucht hat. Ich war aber vorbereitet und habe mir ein Feldbett, drei Wolldecken und einen Schlafsack, der seinen Namen nicht verdient hat (wärmt nur ab 20 Grad plus), mitgenommen. Dauerregen in der Nacht und ziemlich kalt.

Morgens um halb acht habe ich bereits den ersten Busfahrern Tom und Graham zu einem Kaffe verholfen, obwohl das Catering erst um neun öffnet.

In Extremo-Sänger Michael Rhein und H.-J. Topf (v.r.n.l.)

SCHLANKI,

mein alter Freund, ist Stagemanager auf der Haupttribüne und glücklich, mich mal wieder zu treffen.

Walter Schilling, genannt Schlanki, seit 1986 Tourleiter und Promoter Rep. bei einem Konzertbüro, begleitete unzählige Heavy-Metal-Combos in den 90ern. Oft in der Ebert-Halle mit Bands wie Saxon, Motörhead, Slayer, Rush, Yes und Status Quo, die übrigens seine erste Tourband waren. Viele Jahre war er Produktionsleiter von DJ Bobo. Außerdem hat er diverse Touren in Japan und Südasien bestritten.

SEIN TIPP:

„Immer auf Tour und Töpfchen ist nicht jedes Mal dabei. Das bedeutet auch ab und zu im Waschsalon waschen zu müssen. Je moderner die Maschinen und je gepflegter der Salon, umso mehr macht das Waschen Spaß. Habt vor allem immer ausreichend Münzgeld dabei."

Schlanki   Graham, Topf und Tom (v.l.n.r)

H.-J.Topf und Marcus Bischoff, Sänger von Heaven Shall Burn (v.l.n.r.)

Heaven Shall Burn aus Thüringen geht als erste Band auf die Bühne und eröffnet das Festival. Pogo vom Feinsten, Stage-Diving und ein Publikum, das jeden Gag mitmachte – best Opener einer Veranstaltung dieser Art seit langer, langer Zeit!

20.15 Uhr – In Flames kommen von der Bühne und ihr Garderobier bringt mir noch etliche Showklamotten. „Können die bis 23 Uhr fertig sein?", war seine zaghaft gestellte Frage. Na klar! Waschzeitverkürzung durch Überspringen von diversen Programmschritten der Waschmaschine, das Hemd nicht in den Trockner – auch kein Problem. Als ich ihm um 21.45 Uhr seine komplette Bandwäsche fertig in die Hand drücke, schenkt er mir ein signiertes Band-Foto und zum Abschied eine ebenfalls signierte CD. Ich glaube, da habe ich jemanden sehr glücklich gemacht.

Feierabend, 1.45 Uhr – es ist schon Samstag.

Samstag, 14. Juni
6.30 Uhr aufstehen, besser geschlafen als gestern – war auch wärmer angezogen!
Duschen, Kaffe, Security-Smalltalk und ab in die Waschküche. Tischdecken des Caterers vom Vortag gewaschen und getrocknet.
Zox, der Opener des zweiten Festivaltages, bringt um 11 Uhr Wäsche zum Waschen und Grüße von Steffen, der gestern beim Nova-Rock-Festival in Österreich für sie gewaschen hat.
18 Uhr – Patty ist da. Den ganzen Tag habe ich auf sie gewartet. Wir kennen uns schon 20 Jahre, und ich brauchte unbedingt einen ihrer immer funktionierenden Waschtipps.

>> PATRICIA UNWIN, GENANNT PATTY

Ex-„Patty-Trucking" hatte in den 80ern ein Transportunternehmen und arbeitete für Gruppen wie Supertramp, Extrabreit, Ideal, Joachim Witt, Ulla Meinecke und Joe Cocker. Heute ist sie Tourmanagerin namhafter aktueller Bands.

>> IHR TIPP:

Fettflecken mit Anti-Fett-Spray, das zur Herdpflege eingesetzt wird, besprühen.
Andere hartnäckige Flecken mit Gallseife vorbehandeln.

Als die Ärzte den zweiten Festivaltag beschließen, liege ich schon auf meinem Feldbett und höre nur noch die letzten Takte von „Immer in die Fresse rein", glücklich, dass ich schon liege.
Gute Nacht, Greenfield, gute Nacht, Ärzte, bitte nicht in meine Fresse!

64

Patty und H.-J. Topf

Letzter Show-Tag, und ein Blick auf den Ablaufplan zeigt mir, dass Linkin Park ab 20.30 Uhr das Festival beenden werden. Vielleicht kann ich dann heute Abend bereits zurückfahren und zu Hause schlafen. Drei Tage Feldbett sind genug.

Jetzt erst mal die Berge schmutziger Handtücher in Plastiksäcke füllen und gut zubinden. Die Tischdecken für das Catering hatte ich letzte Nacht noch in die Waschmaschinen gesteckt und kann sie jetzt trocknen. Ein gutes Timing ist nun mal wichtig. Meine Klamotten der letzten beiden Tage aber sind die erste Maschinenladung des Festival-Sonntags.

Bin gespannt auf Linkin Park, da ich für die Jungs in den kommenden Tagen, im Auftrag eines deutschen Veranstalters, die Handtücher und den Wäscheservice stellen soll.

Um 14 Uhr erfahre ich, dass Linkin Park wegen des erkrankten Gitarristen Brad Delson die Show für heute gecancelt hat. Dafür springt Bad Religion als Ersatz ein. Auch nicht schlecht!

18 Uhr – das Ende des Waschtages ist absehbar und ich beschließe, mit dem Rückbau zu beginnen.

20.30 Uhr – Beatsteaks kommen von der Bühne. Jetzt noch alle Handtücher einsammeln und ab nach Hause.

Grüezi, Schwiz, das war es mal wieder für 2008 – see you next year!

>>5. Der Verschmutzungsgrad

Alle Reißverschlüsse sind zu, die Häkchen eingehakt, die Wäsche nach Farben sortiert, die bunten T-Shirts und die Jeans gewendet, alle Pflegekennzeichen beachtet ... und nun?

Nun sollten wir uns die Wäsche noch genauer anschauen, denn kein Wäschestück ist gleich verschmutzt wie das andere. Jedes hat seinen eigenen Verschmutzungsgrad. Leicht verschmutzte Wäsche hat keine richtigen Flecken, sondern nur Körpergeruch vom Tragen angenommen. Andere Teile sind vom täglichen Einsatz gezeichnet, Schweißränder und ein paar wenige Flecken lassen eine „normale" Verschmutzung erkennen. Berufsbekleidung von Handwerkern, Tischwäsche mit Kaffeespuren oder Grasflecken auf den Fußballtrikots der E-Jugend deuten auf einen starken Verschmutzungsgrad hin. Eine Berücksichtigung der unterschiedlich verunreinigten Kleidung hilft uns bei der Wahl des richtigen Waschprogramms, spart Waschmittel sowie Geld und ist gut für die Umwelt.

Merke: Je weniger die Wäsche verschmutzt ist, umso kürzer kann das Waschprogramm – bei niedriger Temperatur und weniger Waschmittel – sein.

>> T MINUS 20

>> Selbst das kürzeste Waschprogramm hätte mir 1985 beim ersten Rock-am-Ring in der Eifel nicht geholfen, um Huey Lewis' [13] Wunsch nachzukommen, sein Show-Hemd vor dem Auftritt noch schnell zu waschen.

„T minus 20" heißt in diesem Fall nicht nur 20 Minuten bis zum Auftritt, sondern auch „Sorry, geht nicht". Aber so einfach kann man es sich nicht machen, wenn man dem bittenden Blick dieses wundervollen Künstlers ausgesetzt ist. Hier musste ich tief in die Trickkiste des Wäschers greifen: Sprühstärke auf Kragen, Manschetten und Brustbereich des Hemdes sorgten für ein perfektes Image. T-Shirt darunter, Jeansjacke darüber, und nach dem dritten Song einfach das jetzt live verschwitzte Hemd auf der Bühne ausgezogen. Keiner hat es gemerkt oder gewusst, außer Huey und mir. Bis jetzt.

>>6.Flecken und ihre Entfernung

Generell sind Flecken in Textilien die eigentliche Herausforderung beim Waschen. Staub, Straßenschmutz und normale Gebrauchsspuren in der Kleidung lassen sich im Regelfall leicht mit einer Maschinenwäsche entfernen. Hat aber mal der Fleckenteufel zugeschlagen und ist das Lieblingshemd mit Soße oder Rotwein verunziert, wird es langsam ernst mit dem Waschen. Omas, Mütter und Freundinnen verfügen oft über einen unsagbar großen Schatz an Tipps und Tricks zur Entfernung dieser hässlichen Spuren einer doch so leckeren Mahlzeit. Alle Flecken und ihre Behandlungsmethoden aufzuzeigen ist unmöglich – der drohende Umfang dieses Buches würde jeden Rahmen sprengen! Ich habe bei meiner Recherche im Internet viele Websites und Foren gefunden, die Ihnen umfassende Hilfe beim Entfernen spezieller Flecken bieten. Sie finden eine Zusammenfassung im Anhang.

CHRISTIANS TIPP: >> ROTWEINFLECKEN ENTFERNT MAN MIT WEISSWEIN. FUNKTIONIERT TATSÄCHLICH!

THOMAS` TIPP: >> JEANS, DIE BEIM TRAGEN ANDERE TEXTILIEN WIE Z.B. T-SHIRTS UND UNTERWÄSCHE VERFÄRBEN, VORHER EINFACH MAL MIT ESSIG WASCHEN. DANN HÄLT DIE FARBE!

Thomas Bullmann, Garderobeneinrichter, H.-J. Topf, Christian Schabler, Garderobeneinrichter (v.l.n.r.)

Ein paar Rock-'n'-Roll-typische Flecken mit weiteren Entfernungstipps möchte ich Ihnen hier aber nicht vorenthalten. [14] Hilfreich vor dem Behandeln spezieller Flecken ist das Wissen um die drei häufigsten Arten:

a. Fettflecken

Butter, Öl, Margarine, Sonnencreme und Soßen enthalten hohe Anteile von Fetten. Hier kann das Waschergebnis verbessert werden, indem man nach der Verfleckung schnellstmöglich ein paar Tropfen Spülmittel auf die Stellen gibt, das unterstützt beim Waschen zusätzlich den Wascheffekt.

>> Fettablagerung auf der Wäsche (Fettläuse)
Keine Angst vor Fettläusen. Sie beißen nicht und hinterlassen keine juckenden Pickel oder Ähnliches. Sie sind einfach schmierige Fettpartikel, die sich beim Waschvorgang nicht völlig gelöst haben und nach dem Abpumpen des Wassers auf den Textilien absetzen. Hier schaffen eine höhere Waschmitteldosierung, eine maximal erlaubte Waschtemperatur und ein paar Tropfen Spülmittel zusätzlich Abhilfe. Sie lassen die Fettpartikel in der Waschflotte besser emulgieren und verhindern so ein Anhaften an der gewaschenen Wäsche. Bei weißer Baumwollwäsche sollte, zur Unterstützung der Fettbeseitigung, das 95-Grad-Waschprogramm eingestellt werden.

b. Bleichbare Flecken

Sie enthalten oft eine sehr hohe Konzentration an Farbstoffen, wie man sie bei Rotwein, Curry, Gras und Obstsäften vorfindet.

Diese Flecken brauchen starke Sauerstoffbleichen und waschaktive Substanzen, um vollständig aus dem Textil gelöst zu werden. Eine Vorbehandlung durch Einweichen in einer konzentrierten warmen Lauge aus Vollwaschmittel unterstützt den darauffolgenden Waschgang, da durch die Quellung der Textilfaser die waschaktiven Substanzen und Bleichen besser in die Faser eindringen können. Finger weg von Chlorbleichen – es drohen irreparable Wäscheschäden wie Lochbildung und Farbverlust!

c. Eiweißflecken

Eiweiß ist vor allem in Blut, Milch und Fleischsäften in hoher Konzentration enthalten und lässt sich insbesondere mit enzymatischen Waschmitteln entfernen. Viele Colorwaschmittel und Waschkraftverstärker enthalten erhöhte Enzymanteile und unterstützen damit die Fleckentfernung. Häufig sind Eiweißflecken mit fetthaltigen Bestandteilen kombiniert, da z. B. Soßen nicht nur Eiweiße, sondern in der Regel auch Fette enthalten – hier hilft zusätzlich der altbekannte Spülmitteltrick. Aber Vorsicht! Zuviel Spülmittel kann zum Überschäumen der Waschmaschine führen.

Red-Bull-Dressing à la Fou

Dieses Dressing wurde beim Formel-1-Rennen am Hockenheimring 2006 für die Mitarbeiter eines bekannten Privatsenders kreiert.

Zutaten:
1 Dose Red Bull
1/4 frische Ananas, klein gewürfelt
weiße Zwiebeln, mild
Minze, frisch gehackt
weißer Tafelessig
Sonnenblumenöl
Salz, Pfeffer

Das Rezept, welches sehr gut geeignet ist, schwer entfernbare Flecken zu produzieren, stammt von Udo „Fou" Sturm, dem Küchenchef eines bekannten Tour-Caterings. Wir treffen uns häufig hinter Deutschlands Bühnen und tauschen Rezeptideen und Wäschetipps aus.

>>7. Großflächige Verfleckungen und Veränderungen an Textilien

a. Sauberkeitsflecken

Sie entstehen beim Einsatz von Waschkraftverstärkern (oft in Form von Sprays), die konzentriert an der eingesprühten Stelle wirken und dort nicht nur für das Verschwinden des behandelten Flecks sorgen, sondern oft auch Altschmutz entfernen, der sich im Laufe mehrerer Waschgänge gleichmäßig über das Kleidungsstück verteilt hat. Die dadurch entstandenen partiellen Aufhellungen sind kein Thema mehr, wenn man das Textil vollständig mit dem Waschkraftverstärker einsprüht, sodass eine ganzflächige Entfernung des Altschmutzes erfolgt. Eventuell muss man diesen Vorgang mehrmals wiederholen.

b. Vergrauung

Die Vergrauung weißer Textilien ist eine unschöne, großflächige Farbveränderung in den Grautonbereich, die immer ein Anzeichen für Waschmittelunterdosierung oder sehr hartes Wasser ist. Man kann diesen Effekt durch korrekte Dosierung des Waschmittels unter Berücksichtigung des Verschmutzungsgrades vermeiden. Die im Vollwaschmittel enthaltenen Bleichen und optischen Aufheller lassen die Wäsche wieder strahlend weiß werden. Bei hartem Wasser verhindert der Einsatz von Wasserenthärtern die Kalkablagerungen und hilft beim Sparen von Waschmitteln.

>>>> **VON ABBY FRANKLIN**, DER GAR-DEROBIERE VON BANDS WIE PRINCE UND BON JOVI

erfuhr ich, wie man Kuliflecken am besten entfernt und wie Wäsche, auch ohne Bügeleisen, glatt wird:

>>>> „KULIFLECKEN BESPRÜHT MAN AM BESTEN MIT HAAR-SPRAY, DANACH GANZ NORMAL WASCHEN UND DER FLECK IST WEG – MEISTENS!"

Während einer Tour hat man eigentlich immer zu wenig Zeit zum Bügeln. Heute eine Show in Abu Dhabi, morgen eine in Gelsenkirchen, da ist Zeitsparen unerlässlich. Deswegen sollte man immer nur zwei bis drei T-Shirts („Bits and Pieces" nennt Abby das) in einen Trockner (etwa 50 Grad) geben und anschließend noch warm zusammenlegen. Das Ergebnis ist absolut bügelfreie Qualität. Dieser Tipp funktioniert sicher – ich mache es seit vielen Jahren auch so, wenn ich auf Tour bin und wieder mal alles schnell gehen muss.

BON JOVI

LOST HIGHWAY

May 22, 2008
Veltins Arena
Gelsenkirchen, Germany

doors	4:30 PM
Gianni Nannini	7 - 8 PM
BON JOVI	8:30 - 11 PM
Curfew	11:00 PM

BON JOVI
THE LOST HIGHWAY LEADS TO GERMANY

>>FRITZES TIPP DES TAGES

>> Friederike Krauch, genannt Fritze, Deutschlands „Geschmacksbeauftragte oder Schmückerin", wie sie sich selbst bezeichnet, ist seit fast 40 Jahren die Bühnendesignerin vieler Shows. Künstler wie Jennifer Rush, Nina Hagen, Peter Maffay und Udo Lindenberg gehören zu ihren Kunden und greifen gerne auf ihr Knowhow zurück. Oft sitzt sie stundenlang und näht endlose Vorhänge für Bühnen- und Showkulissen.

Kürzlich traf ich sie beim Bon-Jovi-Konzert in Gelsenkirchen, wo sie für Gianna Nannini arbeitete. Sie verriet mir folgenden Trick:

„Kaugummi auf Textilien kann mit Eis-Spray eingefroren und danach als Eisklumpen abgeklopft werden. Zu Hause kann das jeweilige Kleidungsstück natürlich in das Eisfach gelegt werden."

>>DICKES LEBERWURSTENDE EINER TOUR

>> Dass man Leberwurst eher zu den fettigeren Wurstsorten zählt, dürfte jedem bekannt sein. Dass Chrissy Ührlings, der technische Leiter des deutschen Tourveranstalters von George Michael [15], ein großer Leberwurst-Lover ist, eher nicht. Dieser Umstand sollte zum „Ersten Leberwurst-Contest" in der Köln-Arena führen:

Die Crew von George Michael und die des deutschen Veranstalters waren schon mit dem Abbau und dem Verladen des Equipments beschäftigt, als Caroline und ich den spontanen Einfall hatten, alle mit der Einladung zu einer lustigen Verköstigung der Pfälzer Wurst zu überraschen. Kombiniert mit einem guten Dornfelder, ebenfalls aus der Pfalz, sauren Gurken und deftigem Bauernbrot wurden sieben verschiedene Sorten Leberwurst – von frisch über geräuchert bis zur Dosenwurst – zur deftigen Grundlage für eine unvergessliche Tour-End-Party.

Möchten Sie wissen, welche der angebotenen Leberwurstsorten den Wettbewerb gewonnen hat? Klarer Sieger: die Pfälzer Dosenleberwurst.

GEORGE MICHÆL
25 LIVE

Æ
DRESSING ROOM

GEORGE MICHAEL - 25LIVE

ROCK´N´ROLL LAUNDRY

OLYMPIAPARK MÜNCHEN GMBH
TAGES-
PARKBERECHTIGUNG **2006**

30. Okt. 2006
„George Michael"
vor der Olympiahalle (Nordseite)

25 LIVE
GEORGE MICHÆL
LAUNDRY
Stuttgart

LOCAL CREW

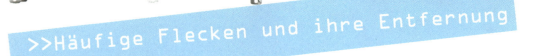

Bier: Mit verdünntem Flüssigwaschmittel auswaschen. Altflecken mit Zugabe von Salz (2-3 Löffel) in die Waschflotte geben. Die Waschflotte ist übrigens die Waschlauge in der Trommel.

Blut: Kaltes Wasser, nicht über 50 Grad waschen, sonst droht Eiweißgerinnung. Enzymatisches Waschmittel verwenden.

Bratensoße und Butter: Ein Tropfen Spülmittel bindet die Fette und ein enzymatisches Waschmittel hilft die Eiweißanteile zu entfernen.

Cognac: Mit 95%igem Alkohol aus dem Stoff ausreiben/abtupfen.

Cola: Lauwarm auswaschen und den Fleck mit Flüssigwaschmittel oder Gallseife vorbehandeln und danach waschen.

Erde: Trockene, feste Bestandteile abklopfen bzw. abbürsten, danach kurz mit Wasser abspülen und im Normalgang waschen.

Erbrochenes: Feste Bestandteile vor der Behandlung entfernen. Danach von Hand mit Feinwaschmittel durchwaschen, je nach Wäscheart mit Fein- oder Vollwaschmittel waschen.

Gras: Am besten in Waschlauge einweichen – Faserquellung – und danach mit einem Vollwaschmittel (Bleiche und optischer Aufheller) waschen. Dies gilt bei weißer Wäsche, bei Buntwäsche sollte man auf ein Colorwaschmittel zurückgreifen, da Farben durch optische Aufheller verblassen.

Fett: Auch Leberwurst erzeugt auf Hemden und Blusen lästige Fettflecken. Hier hilft der berühmte Tropfen Spülmittel und eine Waschmitteldosierung für stark verschmutzte Wäsche. Maximal zulässige Waschtemperatur für eine vollständige Entfernung einstellen.

Ketchup: Null problemo für jedes Vollwaschmittel im Normalprogramm. Sollten doch Rückstände bleiben, vorsichtig mit Spiritus ausreiben.

Deo: Textil in Schüssel mit lauwarmem Wasser und zwei Gebissreiniger-Brausetabletten einweichen – hilft garantiert.

Kuli: Hier hilft der Trick von Abby.

Lippenstift: Verräterische Spuren von Lippenstift kann man(n) mit Gallseife oder Terpentin (vorsichtig) vorbehandeln. Danach im Normalprogramm mit Vollwaschmittel waschen.

Nagellack: Mit Azeton betupfen (Apotheke), danach im Normalprogramm mit Vollwaschmittel auswaschen.

Make-up: Ein alter Trick von Mel ist das Abreiben des Flecks mit konzentriertem ätherischen Öl, wie es z.B. in japanischen Minzölen enthalten ist.

Rotwein: Mit Salz bestreuen und mit Zitronensaft beträufeln, das saugt den Rowein auf. Gut ausspülen und dann mit einem Vollwaschmittel, wegen der Sauerstoffbleiche, bei maximal zulässiger Temperatur waschen.

Sperma: Upps, das ging wohl daneben. Jetzt sollte Mann oder Frau schnell handeln und den Fleck mit kaltem Wasser entfernen. Kein heißes Wasser verwenden, da das im Sperma enthaltene Eiweiß gerinnt und dann sehr schwer zu entfernen ist. Danach im Normalprogramm bei 40 Grad mit Vollwaschmittel waschen.

Urin: Mit Salz bestreuen, um Flüssigkeit aufzusaugen, mit kaltem Wasser auswaschen und danach im Normalprogramm waschen.

Allgemeiner Hinweis: Vollwaschmittel bei Weißwäsche, Buntwaschmittel bei bunter oder schwarzer Wäsche benutzen. Feinwaschmittel bei empfindlichen Textilien oder Wolle verwenden. Empfindliche Textilien, Wolle und Seide im Schon- bzw. Feinprogramm oder gar von Hand waschen.

>>8.Das Waschprogramm

Die Wahl des richtigen Programms wird bestimmt von der Waschmechanik und der Waschtemperatur. Hier bieten moderne Waschmaschinen
ausreichend Alternativen zum erfolgreichen Waschen an:
ein „Normalwaschprogramm" für robuste Textilien wie Handtücher, Bett-
wäsche, Unterwäsche, Jeans und Socken, bei dem je nach Beschaffenheit
des Materials verschiedene Temperaturbereiche gewählt werden können
(30-95 Grad). Hierbei bestimmt immer der empfindlichste Stoff die
Waschtemperatur (siehe Pflegekennzeichen). Die Schleuderdrehzahl be-
trägt ab 1000 u/pm aufwärts.

Dünne Shirts, Hemdchen und Wäschestücke sollten mit einem Schonwaschprogramm gewaschen werden. Hier wird in der Regel der Wasserstand in der Maschine erhöht. Dadurch reduziert sich die Waschmechanik und der Schleudergang dreht auch mit ein paar hundert Umdre-
hungen weniger schnell (ca. 600 u/pm).

Noch schonender wird das Waschgut beim Feinwaschprogramm behandelt. Hier können sehr empfindliche Textilien, oft aus Kunstfasern
(Polyacryl, Polyamid, Polyester, Viskose, Nylon), bei niedriger Temperatur
(30-40 Grad) und noch höherem Wasserstand in der Waschmaschine
schwimmen. Bei diesem Programm sollten nur wenige Kleidungsstücke
in die Trommel gegeben werden, damit die Wäsche auf keinen Fall stark
gequetscht und dadurch verknittert wird. Die Schleuderdrehzahl liegt
deutlich unter der des Schonwaschprogramms (ca. 300 u/pm), um auch
hier das Textil so behutsam wie möglich zu entwässern.

Seide, Wolle, Elastan und waschbare Lederimitate sollten mit Handwäsche, dem schonendsten aller Waschverfahren, bearbeitet werden.
Hierbei findet die Waschmaschine keine Anwendung. In einer Schüssel
oder Wanne werden die – vorher möglichst ein bis zwei Stunden einge-
weichten – Textilien mit leichten Knetbewegungen kurz bearbeitet (zwei
bis drei Minuten) und das Feinwaschmittel sehr sorgfältig mehrfach aus-
gespült. Nachdem man das Kleidungsstück in einem Handtuch ausge-
drückt hat, zieht man es in Form und lässt es an der Luft trocknen.

Beachten Sie die richtige Füllmenge Ihrer Waschmaschine bei den unterschiedlichen Waschprogrammen. Reicht beim Normalprogramm noch eine gespreizte Handbreit Luft über der Wäsche, sollte man beim Schonprogramm die Trommel höchstens halb befüllen. Bei den Feinwaschprogrammen ist selbst eine halbvolle Trommel noch zu viel. Hier sollte man wirklich nur ausgesuchte Einzelteile in die Maschine geben – weniger ist dann mehr.

Die Waschmaschine

Front-, Toplader, Standgerät oder Einbauwaschmaschine in der Küchenzeile, was ist denn nun am ehesten das richtige Gerät?

Die beste Waschmaschine ist immer diejenige, die am besten Ihren persönlichen Bedürfnissen entspricht. Natürlich ist auch das individuelle Raumangebot ausschlaggebend: Ein nicht zu integrierender Toplader wird in einer Einbauküche selten seinen Platz finden.

>>PLATZ IST IN DER KLEINSTEN HÜTTE

>> Die wohl winzigste Wäscherei Deutschlands kommt immer dann zum Einsatz, wenn meine Waschmaschinen und Trockner im Putzraum der Westfalenhalle in Dortmund aufgebaut werden. Weniger als vier Quadratmeter Platz für zwei Waschmaschinen und zwei Trockner, dazwischen bewege ich mich nur noch bei geöffneter Tür, sonst drohen Erstickungsgefahr und Platzangst.

Diese Umstände konnten mich dennoch nicht abhalten, bei Phil Collins' [16] Dance-Into-Europe-Tour zu waschen, bis der Arzt kommt. Schade nur, dass ich es nicht schaffte, während der gesamten Deutschland-Tour ein Foto von Phil und mir zu schießen, obwohl er sich in der kleinen Wäscherei sogar Zeit nahm zu warten, bis ich meine Kamera einsatzbereit hatte. Als ich sie kurz auf meinem Case absetzte, stieß sie jemand unabsichtlich zu Boden. Danach funktionierte sie nicht mehr. Das war echtes Pech – oder doch Glück?

Phil, der das Missgeschick verfolgt hatte, lud mich nämlich spontan zur Tour-End-Party nach London ein. „Bring a new camera!", sagte er, und eine Woche später kam ich dann letztlich doch zu meinem Foto.

Howard Hopkins und
H.-J. Topf (v.l.)

Bei allen Aufstellungsproblemen ist aber immer auch darauf zu achten, dass zumindest Normal-, Schon- und Feinwaschprogramm vorhanden sind. Über spezielle Woll- und Handwaschprogramme muss eine gute Maschine ebenso verfügen wie über die individuelle Einstellbarkeit der Schleuderdrehzahl. Für das Einweichen von stark verschmutzter Wäsche sollte das Gerät in der Lage sein, die Einweichlauge über Nacht in der Maschine zu halten und beim Ausschalten nicht automatisch sofort das Abwasserventil zu öffnen.

Wer sich für ein High-Tech-Gerät mit Computer und eingebautem TV-Flatscreen entscheidet, wird sich überlegen müssen, dass auch der größte Schnickschnack nicht die eigenen Grundgriffe wie etwa Sortieren und Kontrollieren der Kleidung, Befüllen der Trommel und die Wahl des richtigen Waschprogramms und -mittels ersetzen kann.

Wer dann noch auf die Energieeffizienz seiner Waschmaschine achtet, spart nicht nur Wasser und Strom, sondern schont auch die Umwelt und den eigenen Geldbeutel. Hier gibt es übrigens auch die wichtigen Triple-A-Pässe (AAA) wie im Rock 'n' Roll. Sie sagen nichts über einen freien Zugang zu allen Backstage-Bereichen wie Bühne, Garderobe oder Catering aus, vielmehr zeigen sie Ihnen an, dass das so bewertete Gerät sowohl im Strom- und Wasserverbrauch als auch bei der Lärmentwicklung höchsten Anforderungen entspricht.

Für diejenigen, denen das alles noch zu kompliziert ist, wird es in naher Zukunft eine neue Generation von Waschmaschinen geben, die das benötigte Waschmittel exakt zur vorher eingegebenen Wäscheart mischen und selbst das passende Waschprogramm auswählen können.

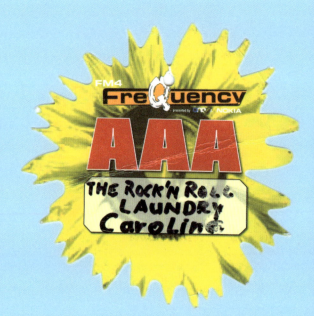

>>10.Nachhaltigkeit

Das Waschen von Wäsche bedeutet nicht nur das Reinigen verschmutzter Textilien, sondern auch den Verbrauch wichtiger Ressourcen wie Wasser und Strom. Mit diesen sollte man im Sinne einer Nachhaltigkeit und Schonung unserer Umwelt sehr sorgsam umgehen und nicht verschwenderisch handeln. Bereits die Reduzierung der Waschtemperatur um 20 Grad spart nicht nur Energie, sondern auch bares Geld. Die modernen Waschmittel erlauben es uns heute, Wäsche mit 40 Grad zu waschen, für die unsere Eltern noch 60 Grad warmes Wasser benötigten, um die volle Wirksamkeit der Inhaltsstoffe damaliger Waschmittel zu erreichen. Heutzutage sind die Waschmittel für das Niedertemperaturwaschen ausgestattet und erzielen selbst bei geringerer Dosierung bei 40 Grad ihre volle Waschkraft. Eine neue Generation Waschmittel mit einer 100%igen Abbaubarkeit, hergestellt aus nachwachsenden Rohstoffen wie Raps- bzw. Sonnenblumenöl, wird die Öko-Bilanz des Waschens in den kommenden Jahren noch zusätzlich verbessern. Heute noch schwer vorstellbar, können perfekte Waschergebnisse beim Waschen der Zukunft sogar im Temperaturbereich von 20 bis 40 Grad erzielt werden.

>> NATURATHLON 2003 UND 2007 [17]

>> Nachdem der Naturathlon 2003 mit Beteiligung der Rock-'n'-Roll-Laundry und eines schwedischen Waschmaschinenherstellers ein großer Erfolg für alle Teilnehmer und Organisatoren war, bin ich vom BfN (Bundesamt für Naturschutz) auch im Jahr 2007 eingeladen worden, dieses Natursportereignis wieder „wäschetechnisch" zu begleiten.

Es fiel mir leicht, meine Mitarbeit zuzusagen, da ich mit der Firma Stahl, Hersteller professioneller Waschmaschinen- und Mangeltechnik, einen hervorragenden Partner und Sponsor für dieses Event finden konnte. Stahl setzte auch meine Idee, die Wäscherei diesmal in einem Transporter fest zu installieren, technisch perfekt um. So konnte ich an jedem Etappenziel ohne großen Aufbau von Zelt und Maschinen sofort mit dem Wesentlichen beginnen – dem Waschen der verschwitzten Sportkleidung der Athleten.

FINALE

BERGFEST

START

Abgerundet wurde das Wäschereikonzept zusätzlich durch den Einsatz eines 100 Prozent biologisch abbaubaren Waschmittels. [18] Dieses sehr umweltschonende Waschsystem kommt auch in meiner gewerblichen Wäscherei zum Einsatz. Hätte mir vor zehn Jahren jemand erzählt, dass ich einmal mit Sonnenblumen- und Rapsöl Wäsche sauber bekomme, hätte ich ihn ausgelacht. Heute aber bin ich überzeugt, dass diesen Produkten, hergestellt aus nachwachsenden Rohstoffen, die Zukunft gehört. Die Teams des Naturathlon 2007 jedenfalls schätzten die hervorragenden dermatologischen Eigenschaften, da sie selbst beim stärksten Schwitzen keinerlei Hautirritationen durch eventuelle Waschmittelrückstände in der Sportkleidung bemerkten. Apropos: Auch Wäscher brauchen Visionäre! Was wäre die Welt ohne Visionen und Menschen, die jeden Tag aufs Neue versuchen, ihre Visionen in die Tat umzusetzen. Die Brüder Michael und Lothar Weber [19] sind zwei davon. Unsere Diskussionen über biologische Produkte, 100%ige Abbaubarkeit, Schadstoffneutralisierung beim Waschen und neueste Dosierungen für Waschmaschinen führten im Laufe der Jahre zur Entwicklung mehrerer Patente und Innovationen und wir arbeiten weiter am „Weltwaschmittel" – schöne, neue, saubere Welt!

>> LIVE-EARTH IM SOMMER 2007

>> Ökologisch waschen war angesagt, als das weltweit ausgestrahlte Live-Earth-Event in der HSH-Nordbank-Arena in Hamburg stattfand.
Al Gore versammelte weltweit die Créme de la Créme der Musikszene in neun Städten von New York über Rio de Janeiro bis Johannesburg, um auf den drohenden Klimawandel durch den bedenklich angestiegenen CO2-Ausstoß aufmerksam zu machen. Klar, dass bei diesem Projekt die Auswirkungen der Veranstaltung auf Umwelt und Ökologie besonders im Auge behalten wurden. Es wurde alles unternommen, um bei jedem Konzert nicht nur den CO2-Ausstoß so niedrig wie möglich zu halten, sondern auch negative Auswirkungen auf die Umwelt zu vermeiden.

H.-J. Topf und Michael Weber (v.l.)

Das Drei-Liter-Auto als Transportmittel, Abschaltung der Stromgeneratoren bei Nacht und Versorgung der Mitarbeiter und Künstler mit Nahrungsmitteln aus ökologischem Anbau, möglichst von regionalen Bauern, waren nur einige der besonderen Maßnahmen. Da passte meine mobile Wäscherei mit ihren Strom und Wasser sparenden Maßnahmen und der Einsatz meines 100%ig biologisch abbaubaren Waschmittels optimal ins Konzept der Veranstalter. Alle dort verwendeten Hand- und Badetücher wurden übrigens mit diesem Produkt vorgewaschen.
Eigentlich ist täglich „Live Earth" angesagt, denn jeder von uns kann mit kleinen und kleinsten Schritten dazu beitragen, dem weltweiten Klimawandel entgegenzuwirken.

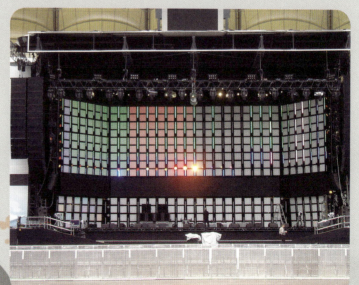

Bianca Jagger und H.-J. Topf

>>11.Waschmittel

Bis jetzt haben Sie sich absolut tapfer geschlagen!

Sie haben Ihre Badewanne nicht als Schmutzwäschelager missbraucht, sondern sich für ein Behältnis mit guter Durchlüftung als Platz für Ihre Schmutzwäsche entschieden.

Waschtag ist nicht nur alle paar Wochen, sondern Ihre verschmutzte Wäsche darf sich regelmäßig auf ein sauberes Entspannungsbad freuen.

Kurz Getragenes lüften Sie gewissenhaft und das Säubern von Schrauben, Tempos und Lippenstiften überlassen Sie denen, die die Taschen ihrer Kleidung vor dem Waschen nicht kontrollieren.

Das Sortieren der Wäsche fällt Ihnen mittlerweile leicht, den Grundsatz Helles zu Hellem und Dunkles zu Dunklem haben Sie verinnerlicht wie das tägliche Zähneputzen.

Der Sinner`sche Kreis hat Sie zumindest so neugierig gemacht, dass Sie schon einmal die Website von Sinner geöffnet haben.

Außerdem stopfen Sie Ihre Waschtrommel nicht bis zum Anschlag voll, weil das mit der Waschmechanik auch irgendwie einleuchtend ist. Die Pflegekennzeichen kennen Sie alle auswendig, sozusagen wie ein Profi.

Darüber hinaus ist Ihnen nun der Unterschied zwischen Baumwolle, Wolle und Elastan hinlänglich bekannt.

Sie suchen aber immer noch ein Handy, 6000 Euro und eine gute Schneiderin – vor allem aber suchen Sie nach dem richtigen Waschmittel?

Jeder schwört auf sein Waschmittel und jeder hat alle möglichen Produkte herumstehen, von denen zwar bekannt ist, dass sie reinigend wirken, aber doch nicht so genau, wie und warum. Ach, wie traumhaft schön wäre es, nur noch ein Waschmittel für alle Wäschearten zu haben. Warum es das nicht gibt? Ganz einfach: weil nicht alle Menschen dieser Welt in weiße Baumwollkleidung gehüllt nur noch Wasser trinkend durch das Universum schweben. Die Vielfalt der Stoffe, der Farben und Verschmutzungen erfordert leider auch eine Vielzahl unterschiedlicher Vorgehensweisen.

Eine erste grobe Einteilung finden Sie in den Tabellen auf den folgenden Seiten.

>>Waschverhalten von Fasern[20]

	Baumwolle	Wolle	Seide	Viskose
1. Verhalten gegen Wasser				
a) Saugfähigkeit	sehr gut	gut	mittel	sehr gut
b) Quellfähigkeit	sehr gut	sehr gut	mittel	sehr gut
c) Oberflächentransport	sehr gering	sehr gering	gering	sehr gering
2. Knitterneigung				
a) trocken	hoch [a]	mittel	mittel	hoch [a]
b) bei max. Waschtemp.	hoch [a]	hoch	hoch	hoch [a]
3. Formbeständigkeit	gering	gering	gering	sehr gering
4. Verhalten gegen Schmutz				
a) Anschmutzbarkeit	stark	stark	stark-mittel	stark-mittel
b) Schmutzabgabe	schwer	leicht	mittel	mittel
5. Pflegeverhalten				
a) max. Waschtemp. in Grad Celsius	95	30-40 [e]	30-40	60
b) max. Bügeltemperatur nach internationaler Pflegekennzeichnung	● ● ●	● ●	● ●	● ●
c) Trockenzeiten	lang	lang	kurz	lang

a) im Allgemeinen hoch veredelt oder in Mischung mit synthetischen Chemiefasern, dann geringe Knitterneigung

b) bei ordnungsgemäßem Abkühlvorgang nach der Wäsche (Cool-Down) geringe Knitterneigung

c) nicht dämpfen

d) Fasern mit Porenstruktur, erhöhte Saugfähigkeit

e) nach Pflegekennzeichen 30 Grad

	Acetat	Polyacryl	Polyamid	Polyester
1. Verhalten gegen Wasser				
a) Saugfähigkeit	mittel	gering	sehr gering	sehr gering
b) Quellfähigkeit	mittel		nicht quellend	nicht quellend
c) Oberflächentransport	mittel	gut	sehr gut	sehr gut
2. Knitterneigung				
a) trocken	hoch	gering	gering	gering
b) bei max. Waschtemp.	mittel	hoch [b]	hoch [b]	hoch [b]
3. Formbeständigkeit	ausreichend	sehr gut	sehr gut	sehr gut
4. Verhalten gegen Schmutz				
a) Anschmutzbarkeit	stark	stark	stark	stark
b) Schmutzabgabe	leicht	leicht	leicht	leicht
5. Pflegeverhalten				
a) max. Waschtemperatur in Grad Celsius	30-40	30(40)	60	60-95
b) max. Bügeltemperatur nach internationaler Pflegekennzeichnung	●	●	●	●
c) Trockenzeiten	kurz	kurz [c]	kurz	kurz

95

>>Waschmittel

Textilien	Waschprogramm	Waschmittel
Weiße Kochwäsche und farbechte Buntwäsche (Tisch-, Bett- und Unterwäsche), **unempfindliche Wäsche**	Koch-/Buntwäsche 60 Grad, nur bei Krankenwäsche und Stoffwindeln sind 95 Grad erforderlich	Vollwaschmittel mit optischen Aufhellern
Buntwäsche (Tisch-,Bett- und Unterwäsche), **unempfindliche Wäsche**; bunte Kleidung aus Baumwolle, **unempfindl. Hemden**, Blusen, Hosen, Jeans, Berufskleidung, Kinderkleidung	Koch-/Buntwäsche 60 Grad, nur bei Krankenwäsche sind 95 Grad erforderlich Koch/Buntwäsche möglich, besser Pflegegeleichtprogramm, Temperatur nach Herstellerangabe 30-60 Grad	Colorwaschmittel ohne optische Aufheller, Pulver oder flüssiges Colorwaschmittel ohne optische Aufheller
Kleidung/Feinwäsche aus Chemiefasern/Fasermischungen (Hemden, Blusen, Pullover, Kleider, Feines und Leichtes, Sportkleidung, Maschenware), **Funktionstextilien** und Outdoorbekleidung (Jacken mit Membranen, Wäsche aus Microfaser) **Wäsche aus Chemiefasern** und elastischen Materialien (bunte Dessous, Badekleidung, Sportkleidung)	Fein- oder Pflegeleicht-Programm 30-40 Grad; für Dessous ein Wäschesäckchen benutzen	Universal- oder Feinwaschmittel; Color- oder Feinwaschmittel
Wolle und Seide sowie Fasermischungen mit Wolle und Seide (Wollpullover, Wollstrümpfe, Seidenblusen), **Wäsche von Allergikern**, außer Wolle und Seide, Ausschluss für Allergiker	Woll-, Hand- oder Seideprogramm - kalt bis 40 Grad Alle Waschprogramme bis 60 Grad Woll-, Hand- oder Seide-Programm - kalt bis 40 Grad	Klassische Wollwaschmittel, biol. Waschm. und ein wenig Essig, (Wolle braucht ein leicht saueres Medium); biol. Waschm. alkalifrei, frei von Duftstoffen
Weiße Gardinen, weiße Ober- und Unterbekleidung (Blusen, Hemden, Dessous)	Feinwaschprogramm 30-40 Grad, für Dessous ein Wäschesäckchen benutzen	Gardinenwaschmittel, wegen hoher Bleichanteile und optischer Aufheller; Feinwaschmittel

- Schmutzwäsche trocken und luftig lagern.

- Waschmaschine immer optimal befüllen:
    1. Normalwäsche: eine Handbreit Luft über der Wäsche
    2. Schonwäsche nur bei halbvoller Maschine
    3. Feinwäsche: nur Einzelteile im „Handwaschprogramm" waschen.

- Kurzschleudern für bügelfreie Wäsche verhindert Knitter.

- Glatt hängende Wäsche auf der Leine trocknet mit wenig Falten.

- Wollsachen liegend trocknen, verziehen sich beim hängenden Trocknen. Wäsche sollte vor dem Bügeln
noch eine Restfeuchte besitzen (bügelfeucht), falls sie aber schon trocken ist, kann man sie leicht mit warmem
Wasser anfeuchten (einspritzen mit Wasserspritzer) und bis zum Bügeln feucht ca. eine Stunde ziehen lassen.

- Das Bügeln sollte ohne großen Kraftaufwand erfolgen und das Bügelgut glatt auf dem Bügelbrett liegen.

- Hektik vermeiden und das heiße Bügeleisen niemals flach auf der Bügelfläche abstellen.
Brandgefahr!!!

- Vor dem Wegräumen des Bügeleisens vergewissern, dass die Bügelfläche kalt ist.

- Wäsche trocken bügeln und vor dem Weghängen in den Schrank gut auslüften lassen.

- Wäschestücke faltenfrei zusammenlegen und ohne Falten im Schrank stapeln.

- Wäsche im Schrank nicht zu eng hängen.

- Mottenschutz im Schrank aufhängen (z.B. Lavendel oder Zeder).

- Waschmaschine einmal monatlich leer bei 95 Grad mit Vollwaschmittel durchkochen, befreit von
übelriechenden Rückständen.

- Bügelfläche des Bügeleisens immer wieder auf Rückstände untersuchen und ggf. mit einem
Reinigungspad entfernen. Bügelfläche muss immer glatt und sauber sein.

Die Pflege der Wäsche endet nicht mit dem Schleudergang und dem Entleeren der Waschmaschine, sondern erst dann, wenn die Kleidung nicht nur sauber, sondern auch wieder in einem tragfähigen Zustand im Schrank hängt.

>>1.Trocknen

Die wohl häufigste Art des Wäschetrocknens ist immer noch das Aufhängen der feuchten Wäsche auf eine Wäscheleine im Freien (Balkon/Garten) oder im Badezimmer/Waschkeller. Dies führt beim Trocknen zu einem harten und etwas steifen Griff der Wäsche. Frotteewaren entwickeln nicht den gewünschten Flausch.

Ganz anders ist dies beim Trocknen der Wäsche im Wäschetrockner. Hier ist die nach dem Schleudern gepresste Wäsche permanent in Bewegung und die Textilfasern haben die Möglichkeit, sich wieder aufzurichten. Oft werde ich gefragt, welcher Typ Trockner der bessere sei. Abluft- oder Kondensattrockner? Da lautet meine Antwort ganz klar: Ablufttrockner. Bei dem Gerät hat man die Möglichkeit, feuchte Abluft nach draußen zu leiten. Am besten sollte es mit einer variablen Temperaturwahlmöglichkeit versehen sein, um ein Überhitzen der Textilien zu vermeiden.

>> DIE HÖLLENMASCHINE

Im Jahr 1985 installierte ich beim ersten Rock-am-Ring „Deutschlands erste Open-Air-Wäscherei" hinter dem Catering, unter einem kleinen Vordach des Dekra-Gebäudes. Eine Waschmaschine, aus der Küche eines befreundeten Lehrers ausgebaut, und ein Trockner vom Sperrmüll (1985, Ludwigshafen, Bayerstraße, Bürgersteig) waren mein Ur-Equipment. Das Lager des Trockners war kaputt und jede Umdrehung der Trommel erzeugte ein markerschütterndes Quietschen, welches der Grund seiner Entsorgung gewesen sein dürfte. Wie laut die Maschine war, wurde mir erst richtig bewusst, als Marius Müller-Westernhagen [21] kurz vor seinem Auftritt vorbeikam, meine Arbeit bewunderte, aber mich dennoch bat, während seiner Show auf diese „Höllenmaschine" zu verzichten. Von da an trocknete ich die Wäsche lieber auf einer „stummen" Wäscheleine.

>>KARIN NICHOLSON
HEAD-WARDROBE VON U2 POLICE, BRIAN FERRY UND ROXY MUSIC:

>> „Wenn nicht klar ist, wie die Wäsche zu reinigen ist (weil die Etiketten evtl. verwaschen sind), sollte sie im Zweifel kalt gewaschen und zum Trocknen auf die Leine gehängt werden. Dann ist man auf der sicheren Seite."

Manchmal muss es eben der Fön sein.
Timothy Williams und Tom Collete (v.r.)
vorne: H.-J. Topf

Entsprechend der Vorgehensweise beim Waschen folgen wir wieder dem Standardprozedere von Sortieren und Kontrollieren sowie den Anweisungen der Pflegekennzeichen.

Baumwollmischgewebe mit zwei bis fünf Prozent Elastan-Anteilen sollten auf keinen Fall im Trockner landen. Lieber flach auf ein großes Badetuch legen, glattziehen und an einem gut belüfteten Platz trocknen lassen. Das verhindert das Einlaufen und spart eine Menge Geld für neue Klamotten. BHs mit Bügel, Wäschestücke mit Strass oder Applikationen sollten in einem Wäschenetz in den Trockner gegeben werden. Dass alle Reißverschlüsse zugezogen sein müssen, versteht sich von selbst: Keiner will durch die „Metallreißzähne" verursachte Löcher oder Rissspuren an seiner Wäsche.

Der Wäschetrockner auf Whitney Houstons[22] Deutschland-Tour

Wir schreiben das Jahr 1999. Whitney Houston ist auf Welttournee und gastiert in Mannheim auf dem Schlossplatz. Die erfahrene Garderobenverantwortliche bestellt bei ihrem Produktionsmanager einen Wäschetrockner für den deutschen Teil der Tour. No problem.

Wir wollen Hans-Jürgen konsultieren, den „Laundry-Supervisor", will heißen, den Chef in allen Wäschefragen, ob er „was Billiges" organisieren kann.

Da ich aber schon in Hamburg war, um die nächste Houston-Show wäschereitechnisch vorzubereiten, d. h. um etwa Wasserschläuche zu verlegen und Strom zu besorgen, damit beim Eintreffen der Produktion aus Mannheim alles vorbereitet ist, überließ ich diese Anfrage Caroline. Ihr Angebot, einen unserer Profi-Trockner für die nächsten zwei Wochen zu mieten, scheiterte am Preis. Einen neuen Gewerbetrockner zu kaufen war ohnehin viel zu teuer – und was macht man damit am Ende der Tour? Also besorgte man sich einen billigen vom Discounter. Mit 199 DM war er wohl ein echtes Schnäppchen. Der Waschtag in Mannheim war somit in trockenen Tüchern!

Als die Produktion aber nach zwei Tagen in Hamburg eintraf, war die erste Frage an mich, wie man schnell einen Kundendiensttechniker an den Start bekommen könnte, der Trockner sei schon defekt. Ein Tag Dauertrocknen in Mannheim war für das vermeintliche Schnäppchen bereits zu viel gewesen. Das Gerät erlitt einen Hitzschlag: Totalausfall durch Überhitzen unter Dauerstress. Soviel zum Thema Schnäppchen.

>> 2.Bügeln

Nichts polarisiert bei der Wäschepflege so sehr wie das Bügeln. Hassen oder lieben sind die einzigen Möglichkeiten, sich mit dem letzten Schritt des Waschprozesses auseinanderzusetzen. Entspanntes Bügeln vor dem Fernseher oder das morgendliche Stressbügeln des einzigen sauberen Hemdes kennt eigentlich jeder.
Wie dem auch sei, auch hier gibt es klare Vorgaben durch die Pflegekennzeichen, die ich Ihnen in Kapitel 3 bereits vorgestellt habe.

Zum Bügeln benötigt man bekanntlich ein Bügeleisen und ein Bügelbrett. Die Auswahl entsprechender Geräte ist sehr groß, und oft fällt die Wahl des geeigneten Bügeleisens schwer. Man sollte deshalb die eigenen Bedürfnisse gut kennen.

Reisebügeleisen:
kleine Leistung, kompakt und wirklich nur für unterwegs als Notbehelf geeignet.

Bügeleisen ohne Dampf:
eignet sich für das Bügeln von feuchter Wäsche; zeitaufwendig.

Dampfbügeleisen: bügeln von feuchter und trockener Wäsche möglich; erleichtert das Bügeln durch Dampfabgabe; abdämpfen von Kleidung möglich, d. h. man führt das Bügeleisen in einem kurzen Abstand von wenigen Zentimetern vor dem hängenden Bügelgut unter Abgabe eines Dampfstrahls auf und ab und glättet somit Knitterfalten oder Tragespuren. Die Allzweckwaffe zum Wäschebügeln.

>> DANIELA LIEBEFRAU, WARDROBE-ASSISTENTIN, WARNT: >>

„Achtung beim Dampfbügeleisen – nicht nur die heiße Bügelfläche, auch der Wasserdampf kann für die Finger gefährlich werden!"

Bügelstation: Hierbei handelt es sich um ein komplettes Bügelsystem, das in einen Bügeltisch integriert ist. Ein größerer externer Wasserbehälter produziert auch eine größere Dampfmenge und verhilft so zu einer längeren Bügelzeit unter Dampf. Für den großen Haushalt oder kleinere Betriebe zum Aufbügeln von Arbeitskleidung (Gastronomie, Arztpraxis etc.).

Bügelbrett: Eine der Schulterform angepasste Brettspitze erleichtert das Bügeln von Hemden. Der Bezug sollte gut unterpolstert und immer sauber sein. Öfters mal den Bezug waschen hilft. Bügelbretter sind mit Hilfe ihres Klappsystems höhenverstellbar und von daher leicht auf die Größe des Büglers/der Büglerin einstellbar. Ein Bügelbrett sollte über eine Abstellfläche für das Bügeleisen und eine spezielle Halterung (meist ein an einer Feder befestigter Stab) für das Bügeleisenkabel verfügen, sodass es beim Arbeiten nicht stört. Wer beim Bügeln viel Druck anwendet, sollte auf eine Bügelfläche aus Gitterdraht verzichten (Gittermuster auf den Klamotten!) und ein vollflächiges Bügelbrett benutzen. Bezüge aus Metallfolie reflektieren die Hitze und erleichtern das Bügeln. Textilien nach dem Bügeln unbedingt an der frischen Luft ausdampfen lassen, damit keine Feuchtigkeit mehr im Stoff enthalten ist.

Baumwolle: Bügelwäsche nicht zu trocken werden lassen, am besten angefeuchtet mit Dampf bügeln

Dunova: nicht bügeln!

Elasthan: nicht bügeln!

Halbleinen: am besten angefeuchtet mit Dampf bügeln

Leinen: am besten angefeuchtet mit Dampf bügeln, dunkle Stücke von links bügeln, sonst glänzen sie

Polyacryl, z.B. Dralon, Orlon: Strickwaren auf Bügeln trocknen, höchstens bei Einstellung „Wolle" bügeln, nicht dämpfen, Material verformt sich sonst, Falten unter einem Tuch bügeln

Polyamid, z.B. Nylon, Perlon, Antron: bei Einstellung „Synthetik" bügeln

Polyester: Gardinen feucht aufhängen. Nicht bügeln!
Oberbekleidung bei Einstellung „Synthetik" bügeln

Polyester/Polyurethan,z.B. Alcantara und andere Velourslederimitate: nur unter Bügeltuch bügeln

Polyester/Viskose: nicht übertrocknen, sonst Knitterfalten!

Polyester/Baumwolle: bei Einstellung „Baumwolle" bügeln

Seide: bei Einstellung „Seide" von links bügeln, nicht feucht einsprengen, sonst Fleckenbildung!

Viskose: besser tropfnass aufhängen, bei Einstellung „Seide" feucht von links bügeln

Wolle: am besten liegend trocknen. Nicht bügeln!

>>BÜGELN LERNEN FÜR HERBERT GRÖNEMEYER[24]

>> Man kann es kaum glauben, aber es ist wahr: Als ich 1997 meinen ersten Arbeitstag bei der Bleibt-alles-anders-Tour von Grönemeyer antrat, hatte ich noch zwei Wochen vorher keinen blassen Schimmer vom Bügeln. Hemden, Hosen, Jacken und T-Shirts glätten? War mir bis dahin völlig egal gewesen, da ich eine gute Büglerin in meiner Firma hatte, die diesen Job erfüllte. Warum sollte ich mir also die Mühe machen?

Nun aber bekam ich richtiges Fracksausen wegen meiner Bügelschwäche. Caroline erkannte mein Dilemma und bot mir einen Crash-Kurs im Hemdenbügeln an, den ich dankbar annahm. Unter ihrer Anleitung bügelte ich zuerst einige alte Hemden von mir – mit zunehmender Sicherheit wagte ich mich auch an meine guten. Gott sei Dank stellte ich mich nicht zu dumm an, und nach Hemd Nr. 10 hatte ich den Kniff raus. Kragen zuerst, dann die Manschetten und die Ärmel, danach den Schulterbereich, jetzt nur noch am vorderen Brustteil beginnend ringsherum fertig bügeln. Hemd Nr. 23 ging schwuppdiwupp und ich trat sichtlich beruhigt mit Herbert meine erste Tour an. Heute bügle ich Hemden wie im Schlaf – getreu dem Motto: Übung macht den Meister!

>>3. Der Kleiderschrank

Alles ist frisch gewaschen, schon getrocknet und zusammengelegt, Hemden etc. ordentlich gebügelt und jetzt ab in den Kleiderschrank. Aber Achtung! Auch hier gibt es ein paar Dinge zu beachten:

Niemals Wäsche noch „irgendwo zwischenrein quetschen" – Knittergefahr!
Niemals hängende Teile eng aneinander hängen – Knittergefahr!
Und: Niemals getragene Wäsche ungewaschen in den Schrank legen –
Gefahr von unangenehmem Geruch!

Scheuen Sie sich nicht, Hemden oder Blusen aus der Reinigung von der Schutzfolie zu befreien, von den Drahtbügeln zu nehmen und auf breite Kunststoff- oder Holzbügel umzuhängen. Viele Kaufhäuser geben gerne auf Nachfrage von ihren Kunststoffbügeln ab. Lassen Sie Ihrer Wäsche Luft zum Atmen und hängen Sie Säckchen mit Lavendel, Nelken, Kaffeebohnen oder Zedernholz in den Schrank. Deren Geruch vertreibt Motten. Glücklich, wer einen Kleiderschrank aus Zedernholz sein Eigen nennen kann.

>> ALICIA LOGGAN, PRO-DUKTIONSASSISTENTIN VON POLICE, OZZY OSBOURNE UND AUCH BLACK SABBATH ZU DIESEM THEMA:

„Versichere dich, dass die Klamotten absolut trocken in den Kleiderschrank kommen, sonst droht Schimmelgefahr."

Selbst der beste Waschprofi kann beim Waschen zu Hause an seine Grenzen stoßen. Gardinen mit einem Ausmaß von 30 Quadratmetern, Flokatiteppiche so groß wie drei Waschmaschinen, Polsterbezüge des Sofas sowie Gucci-Anzüge oder Prada-Jäckchen sollten nun wirklich nicht in eine 5kg-Waschmaschine gestopft werden.

Hier schlägt nun die große Stunde der Textilreiniger, wie die korrekte Berufsbezeichnung der professionellen Kleider- und Wäschepfleger ist. Als Kunde ist man dort bestens aufgehoben, wenn eigene Kenntnisse und technische Ausstattung nicht für eine optimale Pflege ausreichen. Waschmaschinen mit Füllmengen von 10 bis 100 kg, chemische Reinigungsmaschinen zur Pflege von empfindlicher und hochwertiger Oberbekleidung, spezielle Teppichreinigungsmaschinen und modernste umweltfreundliche Nassreinigungsverfahren stehen dem Fachmann zur Verfügung.

Nach einer dreijährigen Gesellenzeit und der darauf folgenden Ausbildung zum Textilreinigungsmeister ist der Textilreiniger für seine Aufgaben bereit.

Man sollte sich als Kunde die Mühe machen und verschiedene Textilreiniger mit Qualitätsvergleich testen.

Eine kompetente Beratung und eine einfache Warenschau (Kontrolle des Textils bei Abgabe durch den Kunden) müssen jeder Reinigung von Garderoben vorausgehen.

≪ ≪HELEN CAMPBELL PRODUKTIONSASSISTENTIN VON POLICE ROLLING STONES, U2 UND GENESIS HAT FOLGENDEN TIPP:

≪ ≪ „Unbedingt erforderlich ist es, bei der Abgabe der Sachen zu erklären, was man will. Mir ist es schon passiert, dass alles chemisch gereinigt wurde, obwohl viele waschbare Teile wie Socken, Unterwäsche und Geschirrtücher darunter waren. Das wurde richtig teuer!"

Gegebenenfalls können versteckte Mängel (offene Nähte, fehlende Knöpfe oder Beschädigungen) entdeckt und aufgezeigt werden. Das schützt beim Abholen der Kleidung sowohl den Reiniger als auch den Kunden vor Diskussionen über eventuelle Reinigungsschäden. Zählen Sie gemeinsam die abgegebenen Wäschestücke, um sicherzustellen, dass Sie später alles vollzählig ausgehändigt bekommen.

≪TIPP VON JÖRG SCHÖNHERR DEM BUSFAHRER DER TOURBUSSE:

„Beim Abgeben der Wäsche in der Reinigung sollte noch der voraussichtliche Preis erfragt werden. Es kann sonst zu bösen Überraschungen kommen. In Paris kosteten uns mal 30 Bettwäschegarnituren und 20 Handtücher 900 Euro …!"

Eine Liste aller abgegebenen Textilien erleichtert beiden Seiten den Nachweis über Art und Menge der Kleidungsstücke. Vertrauen ist gut, Kontrolle ist besser – dieses Sprichwort trifft besonders bei der Textilpflege zu. Beide sollten Vertrauen haben: der Kunde zu seinem Reiniger ebenso wie der Reiniger zu seinem Kunden.

American Express PRESENTS

THE ROLLING STONES A BIGGER BANG

PARKING / DURCHFAHRT
ALL AREAS

**TIPP VON
DAVID MCCRACKEN
STAGEMANAGER
UND TOURLEITER
VON MEGADEATH, TINA
TURNER, JOE COCKER,
ROD STEWART ETC. ‹‹**

„Merken Sie sich, wem Sie Ihre Klamotten zum Reinigen bringen! Klingt ganz simpel, aber bei Nichtbeachtung kann es zu einer mittleren Katastrophe kommen.

So geschehen bei dem Konzert der Pet Shop Boys in Bremen. Die Wäscheberge (zwei Transporter voller Wäschesäcke bis unters Dach) mussten auf fünf verschiedene Reinigungen verteilt werden, damit der Zeitplan eingehalten werden konnte. Leider hat der Veranstalter den Überblick verloren und damit war das Chaos bei der Rücklieferung komplett. Die Abend-Show begann mit der Hälfte der Garderoben. Selbst am Folgetag, die Tour war schon in München, mussten noch Klamotten per Expresskurier von Bremen nachgeliefert werden."

Mama Concerts präsentiert
Tina Turner
Mannheim · Eisstadion · 28. – 30. 4. '87
V I P
Dieser Ausweis berechtigt zum Zutritt zur VIP-Terasse
29. APRIL '87 № 55

ROD STEWART
HANS 10/17
GUEST

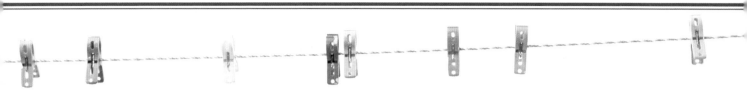

Waschen zwischen Tür und Angel kennt sicher jeder. Keine
Zeit, Stress oder Unlust, wenn es ans Wäschewaschen geht,
führen dazu, dass irgendwann der Wäschevorrat verbraucht
ist.

So oder ähnlich ist es, wenn man sich neben Beruf, Hausarbeit,
Sport und Freizeit auch noch ums Waschen kümmern muss.
Viel entspannter könnte es bei einer Waschparty ablaufen,
bei der jeder Teilnehmer seinen Schmutzwäschesack mit-
bringt und dann in lustiger Runde seine Wäsche zusammen
mit Freunden wäscht. Nicht mehr zu Hause im stillen Käm-
merlein oder alleine im Waschsalon waschen, sondern bei
guter Musik, einem leckeren gemeinsamen Essen einen ent-
spannten Waschabend verbringen. Unter Umständen gibt
es im Haus auch eine Waschküche mit mehreren Maschinen
und die Nachbarn freuen sich über diese kommunikationsför-
dernde Idee.

>> DURCHNÄSST ABER GLÜCKLICH AUF DER EXPO 2000 IN HANNOVER

>> Die Expo 2000 war nicht nur für Deutschland als Gastgeber ein weltweites Aushängeschild, sondern auch für die Rock-'n'-Roll-Laundry der wohl interessanteste Job überhaupt.

Fast alle Nationen dieser Erde trafen sich auf dem Messegelände und präsentierten sich auf vielfältigste Art und Weise. Ich konnte mit Rainer Hannich [25] eine Wäscherei auf dem Gelände in Halle 8 betreiben. Ob nachts die Schmutzwäsche für eine 160-köpfige Ballettgruppe oder tagsüber die Sweatshirts von mehreren Hundert Guides und Helfern der Veranstaltung gewaschen und gebügelt werden mussten – alles wurde erledigt. Mit Hilfe eines „Hemden-Finisher" konnten wir stündlich fast einhundert Teile bügeln.

Unterbrochen wurde unsere tägliche Arbeit aber von Besuchern, die ungewollt Bekanntschaft mit dem nassen Element gemacht hatten. Entweder vom Rasensprenger erwischt, bei den Wasserspielen zu wenig Abstand gehalten oder in Halle 6 in eine Wasserstelle getreten, ausgerutscht und hineingefallen ... alle waren richtig nass. So macht dann auch die schönste Expo keinen Spaß mehr, wenn man in triefenden Klamotten von allen beobachtet und bedauert durch die Hallen zieht.

Hier konnten wir aber leicht Abhilfe schaffen und es dauerte nur kurze Zeit, bis sich unser Trockencenter auf der Expo herumgesprochen hatte. Die Veranstaltungsleitung stattete uns sogar mit Bademänteln aus, um zu verhindern, dass splitternackte Menschen in unserer Wäscherei auf ihre trocknenden Kleider warten mussten. Dadurch lernten wir Menschen aus aller Herren Ländern kennen, und so manche Tasse Kaffe und einige Gläser Wein wurden bei uns in fröhlicher und geselliger Runde geleert.

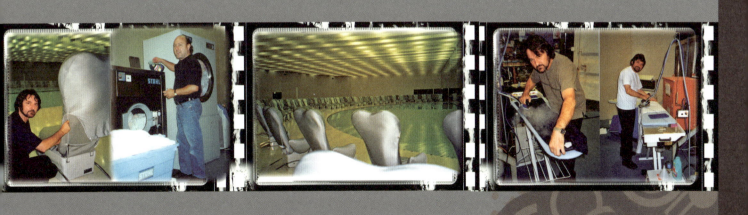

>>WETT-WASCHEN MIT BAP >>

Ein Wettwaschen während einer BAP-Tournee in Köln sollte ermitteln, wer am schnellsten seine Schmutzwäsche sauber bekommt. So richtig mit Stoppuhr und Startzeichen – im Waschsalon!

Wer da ein langes 95-Grad-Kochprogramm statt eines schnellen 30-Grad-Schonprogramms wählte, hatte schon verloren.

Die ganz Schlauen drängelten sich nach dem Start vor, um an den Geldeinwurf für das Waschpulver und die Maschinenauswahl zu gelangen.

Dies brachte sogleich einen fast uneinholbaren Vorsprung für Tobi Kühnel ein. Der Produktionsmanager entpuppte sich schnell als der gewiefteste aller Wäscher: Die Waschmaschine wurde geschickt geleert, Münzen in die Wäscheschleuder geworfen und ab ging die Post. Nur zehn Minuten später, klar in Führung liegend, befüllte er schon den Trockner und das nötige Kleingeld ... Wo sind denn die Münzen? ... Wie kein Kleingeld mehr?

So kann es auch gehen! Bis sich Tobi das nötige Wechselgeld besorgt hatte – leider konnte von den Teilnehmern niemand Geld wechseln – zogen alle anderen an ihm vorbei.

Aber ganz gleichgültig, wer gewinnt oder verliert – mit Freunden Wäsche zu waschen ist ein Riesenspaß. Probieren Sie es aus!

Tobi Kühnel mit H.-J. Topf

>> WIE WÄRE ES MAL MIT EINER „WASH-ATTACK" – EINEM WASCH-ÜBERFALL?

>> Einfach mit ein paar Freunden bei einem in Waschnot befindlichen Kumpel einlaufen und mit Waschen loslegen. Er hat für die Verpflegung zu sorgen: Viel Bier und ein heißer Grill voller Würstchen wären ideal. Maschinen füllen und leeren, alles in den Trockner oder aufhängen. Für den besonders guten Freund werden auch die Hemden gebügelt. Nächstes Mal schlägt „Wash-Attack" dann bei einem anderen in der Runde zu .

>> TOUR-GRILLEN

>> Man kann es natürlich auch übertreiben und sich die Tourcrew von Herbert Grönemeyer samt holländischem Streichoktett zum Grillen in den Garten einladen. Das entspannte Barbecue während eines Off-Days 2004 in meiner Heimatstadt entwickelte eine gigantische Eigendynamik, an deren Ende die Topf`sche Gartenparty in die Geschichte der Mensch-Tour 2004 einging. Das ist eben auch Rock-'n'-Roll.

EINKAUFSLISTE:

8 Kisten Bier
4 Kisten Mineralwasser
5 Kisten Wein
5 Kisten Cola
80 Steaks
80 Würstchen
Ketchup
Mayo
Grillgewürz
15 kg von Carolines Kartoffelsalat
10 Stangen Weißbrot
Servietten

>>GROUPIES>>

Natürlich ist mir bewusst, dass sich bei einem
Waschbuch mit dem Untertitel groupies, stars &
dirty socks jeder ganz selbstverständlich für die Ausfüh-
rungen über schmutzige Socken interessieren wird.
Die Stars und vor allem die Groupies sind da zweit-
rangig.

Mir ging es ja ähnlich. Waschen, sortieren, Maschinen
befüllen etc. waren die wichtigsten Dinge in meinem
Wäscherleben. Bis ... ja, bis ich zum Kernpunkt dieses
Buches kam. Groupies, Groupies, Groupies. Ich hatte nur
ein kleines Problem: Woran erkenne ich Groupies? Wie
viele habe ich in meinem Leben on the road schon ge-
troffen und gar nicht gemerkt, dass das ein Groupie war,
mit dem ich mich so nett über Waschmaschinen und
Waschtipps unterhalten habe.

Es steht schließlich keiner Frau „Groupie" auf der Stirn
geschrieben, nur, weil sie sich vom sexy Image eines
Rockstars angezogen fühlt.

>>SO STEHT JEDENFALLS IM INTERNET UNTER DEM STICHWORT GROUPIE:

>>

„… ist eine meist weibliche Person, die ihre sexuelle Aufmerksamkeit einem angehimmelten Idol oder Star aus der Kunst oder der Kultur widmet."

O.k., alles klar, ich habe verstanden. Kunst und Kultur – von Wäschewaschen stand da definitiv nichts. Jetzt weiß ich auch, warum dieser Kelch an mir vorüberging. Obwohl Wäschewaschen schon was mit Kunst zu tun hat, viel mehr als man allgemein so denkt. Es ist wirklich eine Kunst, einen Soßenfleck … ach, nicht so wichtig!

Ich habe es kommen sehen, dass dieses Kapitel auf Grund fehlender einschlägiger Erfahrung zu kurz kommen muss, aber ich glaube, 1982 habe ich mal zwei Groupies gesehen. Das war ganz am Anfang meines Rock-'n'-Roll-Lebens. Warum sonst sollten sich zwei Frauen in Bodystockings zwängen (die mehr Körper zeigten, als sie verhüllten), um dann äußerst unauffällig vor der Garderobe von TN rumzulungern? (Wie will man auch halbnackt vor einer Künstlergarderobe nicht auffallen?)

Wie gesagt, viel ist es wirklich nicht, was sich da in fast 30 Jahren Backstage abgespielt hat. Womöglich ist auch diese Sache mit dem Aids-Virus schuld. Dadurch entstand auf beiden Seiten eine gewisse Furcht, und so manch ein Verlangen wurde recht schnell wieder abgekühlt. Aber in der „Vor-Aids-Zeit" muss doch ganz schön was los gewesen sein. Meine Internet-Recherchen haben echte Knaller ans Licht gebracht.

Die GTOs (Girls Together Outrageously) waren die berühmteste Gruppe von Groupies ever. Miss Pamela, Miss Sparky, Miss Lucy, Miss Christine, Miss Sandra, Miss Mercy und Miss Cinderella lebten während der späten 6oer bei Los Angeles und dort vor allem um Frank Zappa und seine Musikerclique mit Charly Watts, Bill Wyman, Mick Jagger, Jimmy Page, Keith Moon und Jim Morrison. Die mit Abstand bekannteste von ihnen war Miss Pamela Des Barres. Sie war anscheinend die Göttin aller Groupies und natürlich auch der Künstler, die sie beglückte. Ihre Website ist sehr interessant und ihre Videos von diversen Lesungen ihres Buches [26] haben mir Lachtränen in die Augen getrieben.

Wer es genauer wissen will, wer wann mit wem warum, wie oft und wie berühmt was hatte, kann ja unter www.snops.com reinschauen – dort kocht eine extrem heiße Gerüchteküche. Und wer gerne die aktuellen Groupiecharts sehen möchte, ist bei www.metallslutch.tv gut aufgehoben.

Ach ja, falls Sie die Frage quält, ob Sie sich zum Groupie eignen, empfehle ich Ihnen das Groupie-Quiz [27] im Netz.

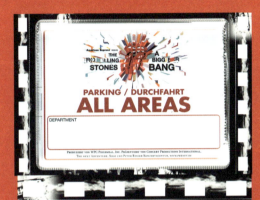

The Rolling Stones
A Bigger Bang
Stuttgart, Germany
Thursday, August 03, 2006

NO Sound Check

Doors	4:00 PM
M&G	6:30 PM
Simple Minds	7:15 PM
Set Change	8:00 PM
Rolling Stones	8:30 PM
Sunset	8:59 PM
Strict Curfew	11:00 PM

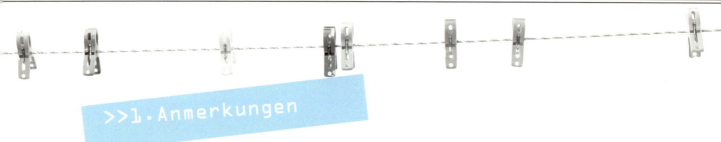

>>1.Anmerkungen

1 Amerikanischer Rockmusiker und Gitarrist. Am 13.12.1948 in Detroit geboren. Spitzname „Motor City Madman". Mitglied der Amboy Dukes, die 1968 den Hit „Journey to the center of the mind" hatten.1975 startete Nugent seine Solokarriere und verkaufte bis heute 35 Mio Platten.

2 Bryan Guy Adams wurde 1959 in Kingston/Kanada geboren. Er ist Sänger, Komponist und Fotograf. Seit 1977 erfolgreich mit Hits wie „Summer of 69", „Heaven", „Somebody" etc.

3 Michael Lee Aday – amerikanischer Rocksänger und Schauspieler. Am 27.9.1947 in Dallas geboren. Vom Parkplatzwächter zum Sänger in den Musicals „Hair" und „Rocky Horror Picture Show". 1977 veröffentlichte Meat Loaf das Album „Bat out of Hell" und verkaufte es 41 Mio mal.

4 Deutsche Heavy-Metal-Band, gegründet von Matthias Lasch, alias Mat Sinner – Sänger und Bassist. Ihr letztes Album kam 2007 auf den Markt.

5 John Robert Cocker wurde am 20.5.1945 in Sheffield/England geboren. Er gilt als Großmeister des Coverns und hat eine der rauesten Bluesstimmen im Rock 'n' Roll. Gelernt hat er den Beruf des Gasinstallateurs, begann aber bereits mit 15 Jahren in diversen kleinen Bands in seinem Heimatort zu spielen. Einer seiner größten Hits „With a little help from my friends" ist eine Coverversion der Beatles. 1969 war er einer der Headliner des legendären Woodstock-Festivals. Sein Markenzeichen sind seine zappelnden und zuckenden Bewegungen auf der Bühne.

6 Die Fantastischen Vier – deutschsprachige Hip Hop-Band (1989 gegründet) aus Stuttgart. Mitglieder: Michael Bernd Schmidt alias Smudo, Thomas Dürr alias Thomas D, Michael Beck alias Michi bzw. Dee Jot Hausmarke und Andreas Ricke alias And. Ypsilon. Machten deutschsprachigen Rap als Erste populär. 1996 Gründung des Labels „Four Musik". Größte Hits: „Die da", „Sie ist weg", „M F G" usw.

7 Wurde 1979 als Instrumentalgruppe gegründet. 1981 stieß der Sänger Derek William Dick (Fish) dazu. Marillion galt lange Jahre als die zweitbesten Genesis aller Zeiten, da ihre Musik und vor allem die Stimme von Fish sehr an Peter Gabriel erinnerte. Ihr wohl bekanntestes Album ist „Misplaced Childhood" von 1985. Fish verließ 1989 die Band, die mit ihrem neuen Sänger Steve Hogarth nicht mehr an alte Erfolge anknüpfen konnte.

8 Ist die letzte Oper Giacomo Puccinis. Uraufführung am 25.4.1926 in der Mailänder Scala mit Rosa Raisa. Turandot ist die Prinzessin, die jeden Freier köpfen lässt, der ihre Rätsel nicht lösen kann.

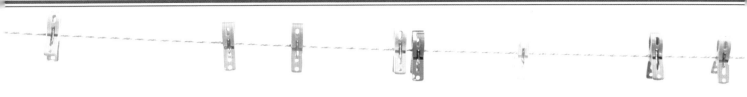

9 DJane-Duo aus London. Mairead Nash und Tabitha Denholm starteten 2002 ihre Karriere im Club 333 in Shoreditch. Danach wechselten sie ins Camden Barfly und traten bei zahlreichen Festivals als Kommentatorinnen auf: Roskilde bzw. Carling Weekend. Eigene Show auf MTV 2 und auf BBC 6.

10 aus www.alles-sauber.com. Aktuelle und offizielle Pflegekennzeichen der Arbeitsgemeinschaft für Textilien der Bundesrepublik Deutschland.

11 Amerikanischer Sänger und Schauspieler, der am 17. 7. 1952 in Baltimore geboren wurde. Bekannt durch seine Hauptrollen in „Baywatch" und „Knightrider". 1989 nahm er mit Produzent Jack White das Album „Looking for Freedom" auf. Er sang den Song im selben Jahr vor 500 000 Menschen an der Berliner Mauer.

12 Als Peter Siegfried Krausnecker am 18. 3. 1939 in München geboren. Seine Karriere begann Mitte der Fünfzigerjahre mit der Rolle des Johnny in „Das fliegende Klassenzimmer". Er galt mit Conny Froboess als das Teenidol. Kraus hatte Hits wie „Tutti frutti" und „Sugar Baby".

13 Am 5.7.1950 als Hugh Anthony Cregg III in New York, USA geboren. Er ist Rockmusiker und Schauspieler. Seine Hits: „Power of Love", Hip to be Square", „Stuck with you" etc.

14 Für sämtliche Tipps und Ratschläge wird keine Gewährleistung oder Garantie übernommen. Eine Haftung des Autors oder des Verlages für Schäden jedweder Art, insbesondere für Sach- und Vermögensschäden, ist ausgeschlossen.

15 Georgios Kynacos Panayiotou wurde am 25. 6. 1963 in London geboren. Britischer Sänger, Komponist und Multiinstrumentalist. Seine Karriere startete mit „Wham" und seinem Partner Andrew Ridgley Anfang der Achtziger Jahre. 1987 entstand Michaels erstes Soloalbum „Faith." Letzte Tour „25Live" führte ihn auch nach Deutschland.

16 Britischer Rock- und Popsänger, Schlagzeuger, Komponist und Schauspieler. Am 30.1.1951 in Chiswick/London geboren. Bekannt als Solokünstler und als Frontman und Sänger von Genesis. Verkaufte bis 2002 weltweit mehr als 100 Mio Platten.

17 Größtes Natursportereignis Deutschlands, veranstaltet vom Bundesamt für Naturschutz.

18 21 Oils: Hergestellt aus 21 natürlichen Ölen. 100%ig biologisch abbaubar, 100% dermatologisch – allergikergeeignetes Waschprodukt.

19 Erfinder, Entwickler und Produzenten von Biowaschmitteln und modernsten Waschsystemen. Neuestes Forschungsgebiet ist die Neutralisierung von Schadstoffen wie Formaldehyden aus Räumen.

20 aus WÄSCHEREILEXIKON, S. 59, siehe Literaturangabe.

21 1948 in Düsseldorf geborener Sänger und Schauspieler. Bekannt durch den Film „Theo gegen den Rest der Welt" und LPs wie „Mit Pfefferminz bin ich dein Prinz." Stadion-Tourabschied mit der „Radio Maria" – Tour.

22 Amerikanische Sängerin und Schauspielerin. Am 9. August in Newark, New Jersey geboren. Mit geschätzten 200 Mio verkauften Platten gehört sie zu den drei erfolgreichsten Sängerinnen neben Madonna und Mariah Carey. Begann 1977 als Backroundsängerin und Modell. Ihr Debüt-Album erschien 1985 und wurde 13 Mio mal verkauft. Sieben aufeinanderfolgende Nummer-Eins-Hits bescherten ihr den Guiness-Buch-Rekordeintrag: erfolgreichste Sängerin aller Zeiten.

23 aus Klementine – Das große Waschbuch, 1. Aufl. 02, Ullstein Taschenbuchverlag

24 Der Sänger, Schauspieler und Musiker wurde am 12. 4. 1956 in Göttingen geboren. Seit 1984 konnten sich durchgängig alle seine Studioalben auf Platz 1 der Deutschen Albumcharts platzieren. 1981 spielte er im Klassiker „Das Boot" von Wolfgang Petersen die Rolle des Leutnants Werner. Gilt als populärster Musiker Deutschlands. Erstes Album: „Grönemeyer". Die Band, das sind: Norbert Hamm, Bass, Armin Rühl, Schlagzeug, Jakob Hansonis, Gitarre, Stefan Zobeley, Gitarre, Alfred Kritzer, Keyboards, Frank Kirchner, Saxophon und Mark Essien, Percussion.

25 Inhaber der Ring Reinigung in Bad Schönborn.

26 Titel „I`m with the Band" von 1987, „Take another little piece of my heart: A groupie growes up" von 1993.

27 siehe 1LIVE „Hast du das Zeug zum Groupie" auf www.wdr.de.

>>2.Register

>>3.Links

www.beatthestreet.net
www.coachservice.de
www.davidhasselhoff.com
www.exposeeum.de
www.georgemichael.com
www.greenfieldfestival.ch
www.groenemeyer.de
www.liveearth.org
www.marillion.com
www.matsinner.com
www.meatloaf.net
www.naturathlon.de
www.pameladesbarres.com
www.peterkraus.de
www.philcollins.co.uk
www.queensofnoize.com
www.rock-am-ring.com
www.rock-popmuseum.de
www.tednugent.com
www.thepolicefile.com
www.traditionsfan.de
www.whitneyhouston.com
www.bonjovi.com
www.cocker.com
www.diefantastischenvier.de

www.energieverbraucher.de
www.forum-waschen.de
www.haushaltstechnik.uni.bonn.de
www.mylaundry.de
www.persil.de
www.praktische-haushaltstipps.de
www.putzatelier.de
www.stahl-waeschereimaschinen.de
www.stromeffiziens.de
www.waesche-waschen.de
www.frag-mutti.de
www.21oils.com
www.fleckenkiller.de

>>4.Quellen

Klementine, Das große Waschbuch von Ariel aus dem
Ullstein Taschenbuchverlag, 1. Auflage 2002.

WÄSCHEREILEXIKON von Prof. Dr. H. G. Hloch, DTNW
– Wäschereiforschung Krefeld, Hrsg.: Henkel Hygiene
GmbH, GV-Textilhygiene, Düsseldorf 1987.

Reiniger @ Work Ausgabe 02/08, Hrsg.: SN – Verlag.

WRP Wäscherei und Reinigungspraxis, Fachzeitschrift
für Wäschereien und Reinigungen, SN – Verlag, Michael
Steinert.

Richtig Waschen – Informationen rund ums Waschen,
Spülen, Reinigen . Broschüre herausgegeben von der
Henkel KGaA, gefunden auf www.henkel.de.

>>THE GALLERY>>

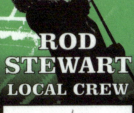

>>THE GALLERY>>

Stand auf der Musikmesse 2008, Frankfurt

Hans!
Congrats,
Good luck,
Godspeed.
Ted Nugent 08

DRESSING ROOM

H.-J. Topf und Ted Nuggent
(v.l.n.r.) 26 Jahre später!

TED NUGENT

Hans:
keep rock:
Joe Cocker

EUROS
KISS

MADONNA
Confessions Tour

HURRICANE
FESTIVAL 2007
LOCAL CREW
1186
Rock n Roll Laundry

HRISTIN
Aguilera
BACK TO BASIC!
LA 15
Working

Europe 07

genesis
turn it on as
the tour

Local Crew

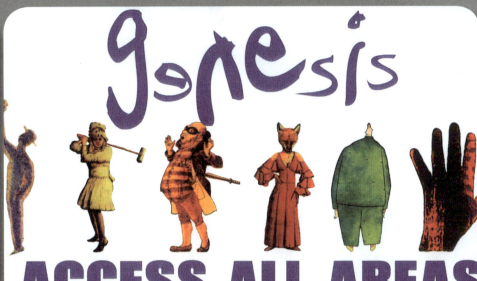

genesis

ACCESS ALL AREAS

REGISTRATION NUMBER:

LAUNDRY + TOWELS

ONE NUMBER:

genesis

Local Crew

26.06.07 Düsseldorf

GAST

TONY
CHRISTIE
CONCERT 92

Welcome
To My
Music

SPECIAL GUEST:
ROSANNA ROCCI

CREW

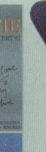

Midnight
Oil
Blue Sky Mining
1990

LOCAL CREW

APR 1 3 1990

DIE
TEN HOSEN

ICH BIN EIN
CHWEIN

RWEGS NACH MORGEN

ILVA
ONCERT '88

Backstage

LUXUS
Sommer '92

26.06.92

Guest

MANOWAR
TRIUMPH of STEEL
Europe 1992

Backstage

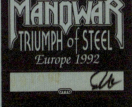

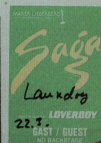

Saga

Laundry

22.3.

LOVERBOY

GAST / GUEST
NO BACKSTAGE

>>THE GALLERY>>

>> >

>> >

>> >

lostprophets

KILL THE OLD WAY
TO HELL WE RIDE
START SOMETHING
WAKE UP(MAKE A MOVE)
HANDSOME
BURN BURN
SHINOBI V D'NINJA

ARTIST EQUIPMENT

BRUCE HORNSBY & THE RANGE
scenes from the southside
'Round The World '88-'89
BACKSTAGE

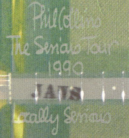

Deryck "Bizzy D" Whibley   Steve "Stevo32" Jocz   Cone McCaslin   Dave "B

SUM 41

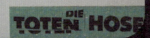

>>THE GALLERY >>

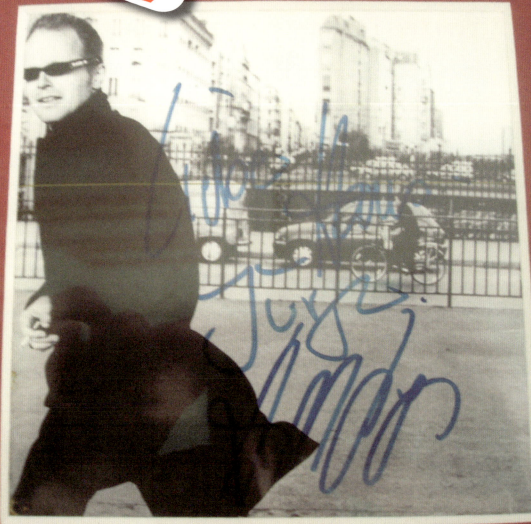

HERBERT GRÖNEMEYER

>>THE GALLERY >>

>>THE GALLERY>>

OSTERKONZERT
Die Fantastischen Vier
28.03.2005

PROMO

138

MichiBeck M.Y Smudo

DIEFANTASTISCHENVIER

don't get steered by others.

Laundry

LINKIN PARK PRESENTS
001
PROJEKT REVOLUTION GERMANY 2008
Herr Topf
Rock n Roll Laundry

EVANESCENCE

So

13.-14. JULI 2007
OPEN AIR GELÄNDE VAZ ST. PÖLTEN

nuke
presented by one & NOKIA

AAA

MARKEN-LIEBERBERG
PRESENTS

MARY & GORDY
LIVE '87

ZZ TOP
ALL ACCESS

MASTER
OF
PUPPETS
WORLD TOUR 196

ALL ACCESS

13.12.87

WESTERNHAGEN

GUEST

Jennifer Rush

GUEST

THE CURE

THE HEAD TOUR

nuke.at
presented by one & NOKIA

CARPASS

mobile phone number

car registration number

AAA

>>THE GALLERY>>

STAGE DOOR

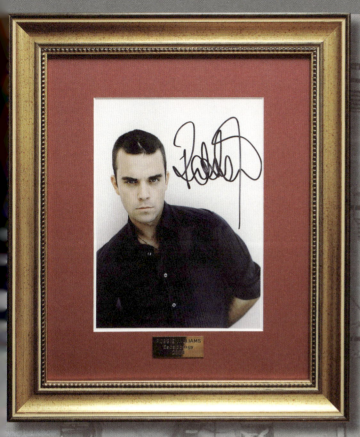

ROBBIE WILLIAMS
Escapology
2002

PETER GABRIEL
Growing up
2004

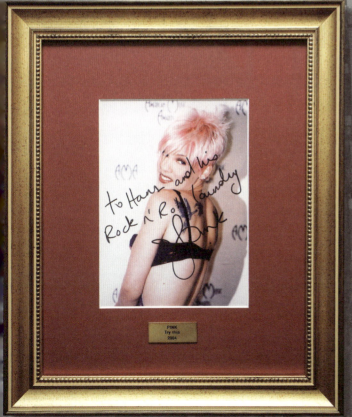

PINK
Try this
2004

>>THANKS TO>>

Special thanks to old friends:
Uwe Sprafke, „Slim" Hülser, Tobi Kühnel, Celine Kühnel, Susanne Mahlig, Chrissy Ührlings, Klaus Hoffmann, Fam. Knauff, Klaus Müller, Michael Birk, Jenny Rehberg, Randy Gehrner, Michi Molt, Uwe Freyer, Enzo Vollmer, Harald Bullerjahn, David Mc-Cracken, Chris Reynolds, Michael Nairz, Brenton + Stuart, Mo Sander + Paul, Andy Gruber, Mitsu, Peter Neufeld, Norbert Kaiser, Klaus Kunzendorf, Andreas „Andy" Henkel, Phillip „Pepe" Solga + Björn, „Pauli" Böcken, „Bugzee", Howard Hopkins, die Idefixe Armin + Ingo + Michael und Wolfgang und Michele, Fou und Josie, Rainer Hannich, Fr. Pasemann, Hr. Bochberg, Jutta Landkotsch, H.J. „Lauti" Lautenfeld, Michael + Lothar Weber, Konrad und allen Fahrern vom Coach Service, „Fossy" Ehmann, Karel Hamm, Aela, Joe Pomponio, Bernd Wohlleben, Klaus Hofter, Thomas Berkermann und Danny + Baby, Chrissy Pohl, H.J. „Ossy" Oswald, Volker Lemm, Timothy „Timmy" Williams, Torsten, Poldi, Familie und Firma Stahl, Oliver Bürkel.

Very special thanks to:
Achim und Steffen, Lisa, Hans Wietstock, Andrea und Peter, meiner Schwester Gisela Leber, in memoriam Elfriede und Herbert Topf sowie allen Konzertveranstaltern.

Very, very special thanks to:
Susanne und Niklas.

Very, very, very special thanks to:
Allen Künstlern, Bands und Stars, die es mit mir so lange ausgehalten haben und hoffentlich weiterhin aushalten werden.